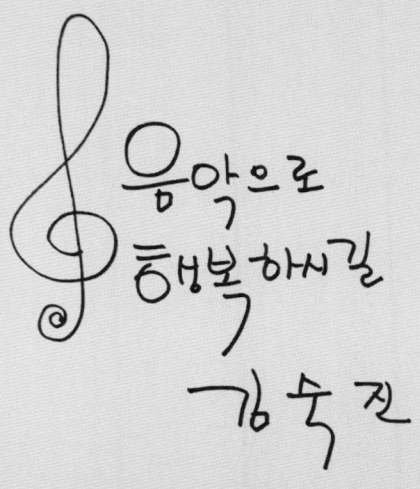

늘 나의 가장 든든한 무대이자,
가장 고요한 안식처가 되어준 남편, 배우 송기윤.
당신의 사랑이 이 책의 시작이자 끝입니다.
깊은 감사와 영원의 마음으로 바칩니다.

음 악 은 마음깊이 흐 르 고

김숙진 지음

 도서출판 위

추천의 글

음악이 가진 힘은 실로 놀랍다. 같은 음악을 들어도 사람마다 다른 추억을 떠올리고, 인종과 언어가 달라도 같은 감정을 나눌 수 있다.

그래서 연주자의 실력도 중요하지만, 진정으로 중요한 것은 '듣는 사람의 마음을 위한 음악'이어야 한다는 점이다.

나 역시 830만 중소기업과 소상공인의 문화경영을 위해 매년 전국을 돌며 음악회를 열고 있다. 그때마다 직접 선곡하고, 음악에 어울리는 영상을 제작하며 음악이 주는 감동을 함께 나누려고 한다.

그런 의미에서 『음악은 마음 깊이 흐르고』는 단순히 음악을 전공한 한 사람의 기록이 아니라, 우리 인생의 여정을 함께 나누고 마음속 깊은 울림을 전하는 소중한 자산이 될 것이다.

음악처럼 잔잔히 흐르는 문장 속에서 삶의 무게를 이겨낼 지혜와 희망을 찾으시길 바란다.

중소기업중앙회 회장 김기문

예술은 사회를 비추는 거울이자, 사람의 마음을 잇는 다리다.

『음악은 마음 깊이 흐르고』는 그 다리 위에서 예술과 삶, 그리고 사람을 섬세하게 연결해낸 책이다. 저자는 클래식 전공자의 감수성과 공연기획자의 현장 경험을 통해, 음악이 어떻게 공동체의 언어가 될 수 있는지를 보여준다.

무대 위의 찬란한 순간만이 아니라, 그 이면에 숨어 있는 고뇌와 성찰을 담아낸 이 글들은 예술이 단순한 향락이 아니라 공동체를 풍요롭게 하는 정신적 자산임을 다시금 일깨워 준다.

이는 곧, 문화정책의 현장에서 오래도록 예술인과 함께 호흡해 온 나에게도 특별한 울림으로 다가온다.

『음악은 마음 깊이 흐르고』는 음악가에게는 격려가, 예술을 사랑하는 시민들에게는 따뜻한 초대장이 되며, 더 나아가 우리 사회가 지향해야 할 문화적 품격을 환기시킨다. 제목처럼 이 책은 독자의 마음 깊숙이 스며들어 오래도록 잔향을 남길 것이다.

나는 이 소중한 책을 기꺼이 추천하며, 더 많은 이들이 음악을 통해 삶의 깊이를 경험하고, 나아가 문화예술이 지닌 힘을 새롭게 발견하기를 바란다.

前) 문화체육관광부 차관 전병극

음악은 인간의 내면 깊은 곳에 숨어 있는 감정과 사유를 가장 순수한 형태로 드러내는 언어이다. 말로 다 표현할 수 없는 세계를 열어 보이며, 때로는 위로로, 때로는 성찰로 우리를 이끈다.

김숙진 선생의 『음악은 마음 깊이 흐르고』는 그와 같은 음악의 본질을 섬세하게 담아낸 귀한 기록이다. 그는 연주자이자 기획자, 그리고 교육자로서의 다양한 경험을 통해 얻은 예술적 통찰을 따뜻하면서도 절제된 문장으로 풀어냈다. 음악이 단순한 예술적 형식을 넘어 인간의 삶과 정신을 비추는 거울임을 이 책은 명확히 보여준다.

예술의전당 대표로서 수많은 연주자와 청중을 가까이에서 지켜본 기억이 떠오른다. 훌륭한 음악은 언제나 사람과 사람 사이의 거리를 좁히고, 그 울림이 공동체 전체를 한층 더 성숙하게 만든다. 이 책이 전하는 이야기들 역시 그런 울림의 연장선에 있다. 개인의 체험을 넘어 예술이 사회와 만나는 지점에서, 음악이 어떻게 삶을 변화시키는가를 담담히 증언한다.

『음악은 마음 깊이 흐르고』는 예술을 사랑하는 이들에게는 감동의 울림을, 학문과 인문을 탐구하는 이들에게는 사유의 깊이를 선사할 것이다. 음악이 지닌 치유와 초월의 힘을 새삼 깨닫게 하는 이 저술은, 우리 시대 예술의 본질을 다시금 일깨워주는 뜻깊은 책이라 확신한다.

前) 예술의전당 사장
現) 서울대학교 음악대학 교수 장형준

음악은 단순한 예술의 형식이 아니다. 그것은 인간의 감정과 이성을 동시에 자극하며, 삶의 질서를 세우는 언어다. 『음악은 마음 깊이 흐르고』는 이 단순하면서도 본질적인 진리를 경험과 통찰로 증명해낸 책이다.

저자는 음악을 감상의 대상으로 한정하지 않는다. 무대의 조명 뒤에서, 연주의 호흡 속에서, 음악이 어떻게 인간의 내면을 단련하고 사회와의 관계를 새롭게 매개하는지를 치열하게 탐구한다.

이 책의 문장들은 감상보다 사고를 자극한다. 낯익은 선율이 문장 속에서 되살아나며, 그 흐름을 따라가다 보면 독자는 어느새 자신이 잊고 지낸 '삶의 리듬'을 다시 듣게 된다.

소음과 혼돈이 일상이 된 시대에, 『음악은 마음 깊이 흐르고』는 묻는다. "무엇이 인간을 인간답게 만드는가."

이 책은 음악을 통해 삶을 해석하고, 예술을 통해 인간의 품격을 성찰하게 하는, 진정한 의미의 '교양서'다.

前) 중앙일보 논설위원 김진

의학이 몸을 살피고 치유하는 학문이라면, 음악은 마음을 어루만지고 위로하는 예술이라 할 수 있습니다. 서로 다른 길을 걷는 듯하지만, 두 영역 모두 인간의 삶을 더욱 건강하고 풍요롭게 만든다는 점에서 깊은 공통점을 가지고 있습니다.

『음악은 마음 깊이 흐르고』는 그 이름처럼 음악이 지닌 근원적인 힘을 고요하게 일깨우는 책입니다. 저자의 진솔한 경험과 깊은 사색이 녹아 있는 문장들을 따라가다 보면, 음악이 단순한 예술을 넘어 삶을 회복시키는 치유의 언어임을 새삼 느끼게 됩니다.

경희대학교병원은 오랫동안 '문화와 치유의 만남'을 추구해 왔습니다. 의료와 예술이 조화를 이룰 때 인간의 삶이 비로소 온전해진다는 믿음 때문입니다.

이 책은 그러한 믿음을 다시 한번 되새기게 합니다. 여러분도 '음악은 마음 깊이 흐르며'를 읽으며 위로와 희망을 발견하시길 바랍니다.

前) 경희대학교 의과대학장 안희경

음악은 단순히 귀로 듣는 예술을 넘어, 우리의 마음 깊은 곳을 움직이고 삶의 결을 바꾸는 힘을 지니고 있습니다. 김숙진 선생님의 『음악은 마음 깊이 흐르고』는 바로 그 힘을 증명해 보이는 책입니다.

저자는 클래식을 전공한 연주자이자, 수많은 공연을 기획해온 기획자로서 무대 앞과 뒤를 모두 경험한 보기 드문 음악인입니다. 이 책에는 단순한 감상이 아닌, 음악이 어떻게 사람들의 삶과 공감대를 만들어내는지에 대한 생생한 체험이 담겨 있습니다. 때로는 연주자의 숨결처럼 섬세하게, 또 때로는 기획자의 안목처럼 넓고 깊게, 음악을 바라보는 통찰이 독자에게 다가옵니다.

특히 저는 이 책이 음악을 전공하지 않은 독자들에게도 따뜻한 울림이 될 것이라 확신합니다. 음악을 이해하는 지식보다, 음악을 통해 나누는 감정과 이야기가 얼마나 중요한지를 저자는 삶으로 보여주고 있기 때문입니다.

『음악은 마음 깊이 흐르고』는 단지 음악에 관한 책이 아니라, 사람과 삶, 그리고 예술이 우리 안에서 어떻게 이어지는지를 보여주는 귀한 기록입니다. 많은 독자들이 이 책을 통해 음악과 더 가까워지고, 더 깊은 울림을 경험하시기를 기대합니다.

서울문화재단 이사장 박상원

김숙진 선생의 『음악은 마음 깊이 흐르고』는 단순한 예술의 기록을 넘어, 사람의 마음을 울리고 세상을 따뜻하게 변화시키는 힘을 전합니다. 음악이 전하는 울림과 메시지는 삶은 물론 조직의 경영에서도 깊은 통찰을 선사합니다.

저 역시 오랜 세월 경영의 길을 걸어오며 깨달은 것은, 결국 사람의 마음을 이해하고 조율하는 것이 리더십의 핵심이라는 사실입니다. 그 점에서 이 책은 음악을 통해 사람과 사람, 마음과 마음을 이어주는 지혜를 담고 있습니다. 소리를 조율하듯 마음을 하나로 모아내는 과정이야말로 경경과 인생의 본질임을 다시금 일깨워줍니다.

경영에도, 삶에도 울림이 필요합니다. 이 책이 여러분의 마음속에 잔잔하면서도 깊은 감동과 영감을 전해주리라 믿습니다.

신안건설산업 우경선 회장

인생에 있어서 만남은 매우 중요합니다. 저자에게는 음악과의 만남이 하늘의 뜻이요, 운명이자 축복이 아닐까 생각합니다.

줄기세포를 연구하는 연구자로서 음악의 치유 능력을 조금은 이해하는 저는, 선배인 송기윤 님의 아내인 저자의 열정과 도전을 가까이에서 보며 생명을 살리는 여정에 하늘의 선물인 음악이 함께 해야 한다는 것을 깨달았습니다.

공연기획자! 이 책에는 저자의 공연기획자의 정체성이 진하게 담겨 있습니다. 봄, 여름, 가을, 겨울.. 그리고 봄을 기다리며, 음악과 하나 된 인생을 만나게 됩니다.

항상 꽃길만 걸어온 삶은 아니지만, 공연 기획자로서의 톡톡 튀는 아이디어와 감수성, 그리고 독자에게 주는 치유의 메시지를 곳곳에서 만날 수 있습니다.

시끄럽고 삭막한 요즈음, 따뜻한 차 한 잔을 마시며 이 책을 읽어보시길 바랍니다. 몸속 줄기세포까지 힐링되는 기분을 느끼게 될 것입니다.

바이오스타그룹 라정찬회장

경영의 세계에서 가장 중요한 건 결국 '사람'과 '공감'이라 생각합니다. 숫자와 전략이 중요해 보이지만, 성과를 만드는 힘은 사람의 마음에서 나옵니다.

김숙진 선생님의 『음악은 마음 깊이 흐르고』를 읽으며 음악이야말로 마음을 움직이는 가장 순수한 언어라는 생각이 들었습니다.

저자는 클래식을 전공한 음악인으로, 수많은 공연을 기획하며 무대의 긴장과 설렘, 그리고 사람들과의 만남 속에서 얻은 경험을 이 책에 담았습니다. 그 안에는 예술가의 감성과, 사람을 이해하려는 따뜻한 시선이 함께 있습니다.

『음악은 마음 깊이 흐르고』는 단순한 음악 이야기가 아닙니다. 삶을 대하는 진심, 그리고 사람과 사람을 잇는 마음이 담겨 있습니다. 음악을 좋아하는 분들뿐 아니라, 삶 속에서 공감과 소통을 고민하는 모든 이들에게 잔잔한 울림을 줄 것입니다.

음악처럼, 이 책도 조용히 오래 남기를 바랍니다.

(주)해피두레 조용진회장

평생 악기와 함께해 온 제게 음악은 기술이 아니라 사람의 마음을 움직이는 힘이었습니다.악기를 만드는 일은 단순한 제조가 아니라, 마음의 울림을 세상에 전하는 일이라 믿어왔습니다. 『음악은 마음 깊이 흐르고』는 그 믿음의 이유를 다시금 일깨워주는 책입니다. 음악이 삶을 어떻게 변화시키는지, 그리고 그 울림이 어떻게 세상을 따뜻하게 하는지를 담담히 전합니다. 저는 오랜 세월 악기와 함께 걸어오며, 음악이 개인의 삶은 물론 사회 전체를 얼마나 따뜻하게 변화시킬 수 있는지를 수없이 보아왔습니다.이 책은 그러한 음악의 힘을 깊이 이해하고, 그 감동을 글로 전하는 저자의 진정성이 느껴지는 작품입니다.

저자는 음악가로서의 섬세한 감성과, 예술을 삶의 언어로 풀어내는 사색의 깊이를 함께 지니고 있습니다. 단순한 수필을 넘어 음악의 철학과 인간의 내면을 다루며,읽는 이로 하여금 음악이 왜 우리 곁에 꼭 필요한가를 다시 생각하게 만듭니다.

『음악은 마음 깊이 흐르고』는 음악을 배우는 학생은 물론,음악을 통해 삶의 위로와 영감을 얻고자 하는 모든 이들에게 귀한 길잡이가 될 것입니다.악기 산업에 몸담아온 한 사람으로서,이 책을 많은 분께 자신 있게 권합니다.

삼익악기 회장 이형국

의학이 몸을 치유한다면, 음악은 마음을 치유합니다. 눈에 보이지 않지만, 음악은 사람의 내면 깊숙이 스며들어 때로는 약보다 큰 위로가 되어 줍니다. 환자를 돌보는 제 일상 속에서도 음악이 전하는 힘을 자주 느끼곤 합니다.

김숙진 대표와는 여러 차례 식사를 함께하며 음악과 삶에 대한 이야기를 나누었습니다. 공연을 기획하는 그의 진심 어린 열정과 따뜻한 감성은, 의료인이 추구하는 '치유의 본질'과 다르지 않다는 생각이 듭니다.

『음악은 마음 깊이 흐르고』는 단순한 음악 에세이가 아닙니다. 저자의 섬세한 문장 속에는 연주자의 숨결과 인간적인 성찰이 함께 녹아 있습니다. 읽는 내내 마음이 편안해지고, 삶의 균형을 다시 돌아보게 됩니다.

한 사람의 의사로서, 그리고 한 사람의 지인으로서 저는 이 책을 진심으로 추천합니다. 음악을 사랑하는 이들에게는 깊은 공감과 감동을, 지친 일상 속 위로를 찾는 이들에게는 따뜻한 치유의 시간이 되어줄 것입니다.

허리나은병원장 이재학

험한 산길을 오르다 보면 숨이 차오르고, 발걸음이 무거워질 때가 있습니다. 때로는 외로움과 두려움이 밀려오지만, 그 순간마다 제 마음을 붙잡아 준 것은 자연의 고요한 숨결과 어디선가 들려오는 듯한 음악의 울림이었습니다.

『음악은 마음 깊이 흐르고』는 바로 그 음악의 힘을 따뜻하게 전해주는 책입니다. 저자는 인생의 오르막길에서 마주한 고단함 속에서도, 음악이 건네는 위로와 용기를 진솔한 문장으로 들려줍니다. 책장을 넘길수록 마치 안개 속에서 서서히 드러나는 산봉우리처럼 마음이 맑아지고, 삶의 방향이 분명해지는 느낌을 받게 됩니다.

산은 사람을 단단하게 만들고, 음악은 그 마음을 깊어지게 합니다. 이 책은 인생의 길에서 잠시 숨이 가빠진 이들에게, 다시 일어설 힘과 희망을 건네는 든든한 동반자가 되어줄 것입니다.

산악인 엄홍길

무대 위에서 살아온 제 인생은 늘 긴장과 설렘, 그리고 끝없는 질문의 연속이었습니다. 관객 앞에 서기 전까지의 순간들은 언제나 두려움과 기도로 가득 차 있었지요. 하지만 막이 오르고, 무대 위에서 관객과 호흡할 때 느끼는 벅찬 감동은 그 모든 두려움을 잊게 합니다.

김숙진 선생님의 글을 읽으며 저는 제 무대 경험과 자꾸 겹쳐지는 장면들을 보았습니다. 연습실의 고독, 공연 직전의 떨림, 그리고 음악이 주는 위로와 희망까지… 이 책은 단순히 음악 이야기를 넘어, 무대와 삶을 사랑하는 한 예술가의 진솔한 고백처럼 다가옵니다.

배우인 저에게 음악은 늘 곁에 있어 주는 친구이자, 연기를 지탱해주는 숨결 같은 존재입니다. 김숙진 선생님의 글 속에서도 그런 음악의 숨결이 고스란히 전해져 왔습니다.

독자 여러분도 이 책을 통해 음악이 건네는 깊은 울림과 무대 예술이 품은 생명의 숨결을 느껴보시길 바랍니다. 김숙진 선생님의 글은 단순히 음악을 설명하는 언어가 아니라, 우리 삶을 다시 바라보게 하는 따스한 거울이자 진실한 고백입니다.

저처럼 무대에서 살아온 사람뿐 아니라, 음악을 사랑하는 모든 이들에게 이 책은 오래도록 곁에 두고 싶은 선물이 될 것입니다.

배우 오미희

오랜 시간 방송을 하며 수많은 사람의 이야기를 전해왔다. 그들의 웃음과 눈물, 그리고 그 속에 담긴 삶의 진심을 가까이에서 마주할 때마다 느끼는 것이 있다. 결국 사람을 움직이는 건 '말'보다 '마음의 울림'이라는 사실이다. 그 울림의 중심에는 언제나 음악이 있었다.

김숙진 선생님의 『음악은 마음 깊이 흐르고』는 그 울림의 본질을 따뜻하게 전하는 책이다. 무대와 일상, 그리고 삶 속에서 음악이 어떻게 사람을 위로하고 다시 일어서게 하는지를 담담한 문장으로 풀어냈다. 읽다 보면 자연스럽게 마음이 느려지고, 잊고 있던 감정들이 조용히 깨어난다.

저는 방송을 함께하며 김숙진 선생님의 진심을 가까이에서 느낀 적이 있다. 그녀는 음악을 이야기할 때 언제나 눈빛이 달라졌고, 한 곡 한 곡을 통해 사람의 마음을 읽어내는 특별한 힘이 있었다. 그 따뜻한 감성과 세심한 시선이 이 책 곳곳에 살아 있다.

『음악은 마음 깊이 흐르고』는 단순히 음악을 소개하는 책이 아니다. 인생의 여러 장면 속에서 우리가 어떻게 마음을 회복하고, 서로에게 울림이 될 수 있는지를 알려주는 책이다. 음악을 사랑하는 이들에게는 공감이, 그리고 바쁘게 살아가는 이들에게는 쉼이 되어줄 것이다.

진심으로, 이 책을 권한다.

아나운서 김성주

무대 위에서 음악가가 서로의 호흡을 맞춘다는 것은, 단순히 음을 맞추는 일이 아니다. 그 안에는 서로의 마음을 느끼고, 함께 숨을 쉬며, 음악을 통해 진심을 주고받는 순간들이 있다.

김숙진 선생님과 함께 무대에 섰을 때, 저는 그런 '진심의 음악'을 느꼈다. 그녀는 한 곡의 음악 안에 담긴 이야기를 온전히 이해하고, 그 감정을 관객에게 자연스럽게 전달하는 힘이 있다. 그것은 단순한 기술이 아니라, 음악을 사랑하고 사람을 아끼는 마음에서 비롯된 것이다.

『음악은 마음 깊이 흐르고』는 그런 그녀의 음악 세계를 글로 옮겨놓은 책이다. 연주자로서, 또 기획자로서 쌓아온 경험이 진솔하게 녹아 있고, 음악이 사람의 마음을 어떻게 어루만지는지 담담하게 전해진다. 읽는 동안, 악보의 음표들이 문장이 되어 내 마음속에서도 잔잔히 울린다.

음악은 결국 사람의 이야기다. 김숙진 선생님의 이 책은, 그 이야기를 가장 따뜻한 언어로 들려준다. 한 명의 음악가로서, 그리고 동료로서 이 책을 진심으로 추천한다.

KBS교향악단 부수석 첼리스트 윤여훈

프롤로그

　음악은 공기 속에 흩어졌다가도 이내 마음의 가장 깊은 곳으로 스며드는 파동이다. 눈에 보이지 않지만, 분명히 존재하는 언어이자, 한 사람의 내면과 또 다른 사람의 마음을 이어주는 다리이다. 소리는 찰나에 사라지지만, 그 여운은 오래도록 가슴에 머물며 우리의 기억을 건드리고, 삶의 어느 순간과 맞닿는다. 그래서 음악을 듣는다는 것은 단순히 귀로 소리를 감상하는 일이 아니라, 그 음악을 만든 작곡가의 숨결과 마음을 조용히 마주 앉아 느끼는 일이다.

　하나의 악보에는 수많은 생각과 감정, 그리고 그가 지나온 생의 결이 고스란히 새겨져 있다. 때로는 가슴 저미는 슬픔이, 때로는 이름 붙일 수 없는 환희가 그 안에 깃든다. 음악은 말하지 않아도 통하고, 멀리 있어도 닿는다. 그래서 어떤 곡은 우리의 눈시울을 붉히고, 또 어떤 곡은 아무 말 없이도 삶을 견디게 한다.

　이 책은 그 울림에 대한 기록이다. 공연기획자이자 음악 해설가로 살아온 나의 시간 속에서, 무대 위와 일상에서 마주한 음악의 표정들을 모았다. 어쩌면 당신도 무심히 흘려들었던 선율 속에서 새로운 이야기를 발견하게 될지도 모른다. 음악을 조금 더 깊이 이해하고, 조금 더 풍요롭게 느낄 수 있도록 이 책이 당신의 길잡이가 되기를 바란다.

우리의 하루는 수많은 감정으로 채워진다. 웃음과 기쁨이 스쳐 지나가기도 하지만, 예고 없이 찾아오는 슬픔과 불안, 설명할 수 없는 외로움이 마음을 흔들기도 한다. 그런 감정들은 종종 삶의 리듬을 깨뜨리고, 마음의 온도를 낮춘다. 그러나 놀랍게도 음악은 그 무너진 균형을 다시 세워 준다. 눈에 보이지 않는 소리가 마음의 문을 두드리고, 굳게 묶인 매듭을 풀어주며, 잊고 있던 생의 온기를 되살린다.

음악은 삶을 치유하는 가장 아름다운 언어이다. 그것은 우리를 어루만지고, 위로하며, 다시 걸어 나아갈 용기를 건넨다. 이 책을 펼치는 당신의 하루에도 그런 음악이 함께 흐르기를 바란다. 지친 마음엔 따뜻한 숨결이, 고단한 일상엔 잔잔한 빛이 스며들기를. 그리고 이 책이 당신의 여정 속에서 조용히 힘이 되어주는 한 줄기 선율이 되기를 진심으로 스망한다.

CONTENTS

CONTENTS

김숙진의 무대 여정
Stage Moments of Kim Sookjin

"무대 위의 나는, 이야기꾼이자 음악의 통역자였다."

1. 오프닝 전면 사진

하나의 무대는 늘 이렇게 시작된다. 빈 홀 속에서 상상의 선율을 그리며.

2. 리허설 장면 모음

공연의 완성은 무대 뒤에서 시작된다.
세심한 리허설 속에서 음악의 흐름과 감동이 다듬어진다.

공연 전, 마음을 다듬고 한 문장 한 문장 온기를 심는다.

3. 공연 장면

음악을 전한다는 건, 마음을 건네는 또 하나의 방식이다.

가수 김장훈과 함께한 특별한 무대, 손흥민 선수 사인 축구공의 주인을 찾던 순간.

김병찬 아나운서와 함께한 사랑의 열매 현장모금 축하무대 – 나눔의 온도를 높이다

4. 공연 후 로비 모습

공연이 끝난 자리에는 언제나 또 다른 시작이 기다리고 있었다.

공연 후, KBS교향악단 단원들과 함께한 따뜻한 한 컷.

감동의 무대를 지나, 여운이 머무르는 로비에서 마음을 나누다

공연 후, 팝페라그룹 카르디오랑 함께한 따뜻한 무대의 여운

음 악 은
마음깊이
흐 르 고

I

아련한
봄날의 추억

01

세상에서 가장 슬픈 음악, 바흐의 샤콘느

흐르는 눈물을 참으려니 아픈 심장이 버티지 못하고 와락 눈물이 쏟아진다. 오래전 잘 묻어두었다고 믿었던 장면들이 영화처럼 눈앞에 펼쳐진다. 잠깐, 음악 때문인가 싶어 듣던 곡을 멈출까 망설이다가 두 손을 꼭 쥐었다. 이제는 숨기지 말자. 들려오는 선율 속으로, 그 깊은 심연으로 걸어 들어가 보기로 했다.

상할까 봐 냉동실에 넣어 둔 음식처럼, 마음도 상처받지 않으려 급히 얼려두었던 시간이 있었다. 영화 「양철북」의 주인공이 자라지 못한 채 성인 아이로 머물러 있던 것처럼, 나 역시 오랜 세월 굳어 있던 감정을 외면한 채 살아왔다. 얼음이 천천히 녹듯이 잊힌 기억이 조금씩 모습을 드러냈고, 얼어 있던 마음에서 첫 물방울이 떨어지는 데는 생각보다 오랜 시간이 걸렸다.

그날, 맥없이 주저앉은 채 아주 오래된 보석함을 여는 마음으로 **바흐의 「샤콘느」(무반주 바이올린을 위한 파르티타 2번)**을 꺼내 들었다. 한때 소중한 순간들 위에 놓였던 음악. 다시 듣자 잊혔다고 믿었던 풍경이 선율을 타고 생생히 되살아났다. 추억이 진하게 묻어 있는 음악은 우리를 그때 그 시절로 데리고 간다.

「샤콘느」는 대학 시절 단짝 친구와 함께했던 젊은 날의 기억을 불러왔다. 떠올리고 싶지 않아 오랫동안 피했던 곡이지만, 이제는 그 친구와의 이별을 조용히 마음에서 놓아주려 한다. 그래야만 이 음악을 더 이상 울지 않고 들을 수 있을 테니까.

그 순간, 문득 떠올랐다. 이 깊은 슬픔의 근원은 결국 한 사람의 사랑에서 비롯되었음을. 그리고 자연스럽게 한 이름이 스쳤다.

요한 세바스티안 바흐(1685~1750). 바로크 시대의 거장이자 오르간 연주자이며, 음악의 건축가라 불린 사람. 그의 작품은 풍부한 화성과 치밀한 구조, 그리고 인간적인 따뜻함이 어우러져 듣는 이의 마음을 가라앉히고 머리를 맑게 한다.

「샤콘느」는 3박자의 춤곡을 변주곡 형태로 발전시킨 양식으로, 무반주 바이올린곡 가운데 가장 널리 알려져 있다. 바흐가 첫 아내의 죽음을 추모하며 쓴 곡이라 전해진다. 그는 절망의 어둠 속에서도 슬픔을 절제된 아름다움으로 승화시켜 이 곡에 담았다. 그래서인지 그의 비통한 마음이 고스란히 전해져 온다.

이 곡을 연주한 거장들은 헤아리기 어려울 만큼 많다. 야샤 하이페츠, 이츠하크 펄먼, 정경화. 그중에서도 나는 **헨리크 셰링의**

「샤콘느」를 가장 사랑한다. 그의 연주는 따뜻한 봄 햇살처럼 듣는 이를 감싸 안아주고, 숨결 하나에도 깊은 위로가 스며 있다. 음악에 심취해 듣고 있으면 마치 숨이 차올라 물 밖으로 나와야 할 때를 놓친 것처럼 숨이 턱까지 차오른다. 그의 연주는 몸과 마음을 흔들고 영혼을 울린다.

눈물이 그치고 난 뒤에야 알았다. 슬픔은 지워내는 것이 아니라, 다른 형태로 품어 안는 일이라는 것을. 바흐의 변주처럼 상실도 시간을 건너며 제 길을 찾아간다. 나는 음악을 멈추지 않았다. 슬픔과 마주 앉아 끝까지 들었다. 음악과 함께 내 안의 얼음도 조금씩 녹아내렸다.

음악은 마음 깊이 흐르며 오래된 상처를 부드럽게 닦아준다. 그제야 비로소 깨달았다. 세상에서 가장 슬픈 음악은 우리를 절망으로 내모는 게 아니라 울게 하고, 울고 난 그 자리에서 다시 일어서게 한다는 사실을.

 QR 코드로 음악 감상하기

 바흐 – 「샤콘느」
연주: 헨릭 셰링

출처 : 유튜브 채널 violim

02
─

꽃잎처럼 아름다운 발레리나

　꽃잎처럼 가볍게 흔들리며 무대 위를 나는 발레리나의 몸짓은 언제 보아도 아름답다. 작은 얼굴에 단정히 올린 머리, 가느다란 목선, 길게 뻗은 팔과 다리, 그리고 하늘거리는 발레복과 토슈즈까지. 그 모든 것이 한 송이 꽃처럼 피어나며 관객을 환상의 세계로 이끈다.

　발레 공연에서 음악은 결코 빠질 수 없는 존재이다. 러시아의 거장 **표트르 일리치 차이콥스키**(1840~1893). 그의 세 발레 작품, 「**백조의 호수**」·「**잠자는 숲속의 미녀**」·「**호두까기 인형**」은 고전 발레의 정수를 이루며 오늘날까지도 전 세계 무대의 중심에 서 있다. 그중에서도 「**백조의 호수**」는 발레 음악의 상징이라 할 만하다. 1877년 모스크바 초연에서는 혹평을 받았으나, 1895년 상트페테르부르크에서 새롭게 각색되며 비로소 영원한 생명을 얻었다.

　이 작품은 서정적이면서도 비극의 예감을 품은 서곡으로 막을 연다. 러시아적 정서의 깊은 우수와 유럽적 세련미가 어우러진 선율 속에서, 사랑과 저주, 속임수와 구원의 이야기가 춤과 함께 펼쳐진다.

줄거리는 이렇다.

독일의 한 작은 나라 왕자 지크프리트는 사냥 도중 저주에 걸린 오데트 공주를 만난다. 그녀는 낮에는 백조로 변하고, 밤이 되어야만 인간의 모습으로 돌아오는 슬픈 운명에 놓인다.. 오직 진실한 사랑과 결혼의 맹세만이 저주를 풀 수 있었다. 왕자는 오데트를 사랑하게 되고, 그녀를 무도회에 초대한다. 그러나 마법사 로트발트는 자신의 딸 오딜을 오데트로 위장시켜 보낸다. 왕자는 속임수에 넘어가 오딜과의 약혼을 발표하고, 뒤늦게 잘못을 깨닫는다. 절망한 왕자와 오데트가 호수에 몸을 던지는 순간, 사랑의 힘이 마법을 깨뜨리며 두 사람은 영원한 자유와 해방을 얻는다.

하지만 발레는 언제나 같은 얼굴만을 보여주지 않는다.

영국의 안무가 **매튜 본(Matthew Bourne)**은 「**백조의 호수**」의 백조들을 모두 남성 무용수로 바꾸며 전통적 해석을 과감히 뒤집었다. 그의 무대에서 왕자는 화려한 왕실의 틀 안에 갇힌 외로운 인물로 등장하고, 현실을 벗어나 자유를 상징하는 백조와 마주한다.

이때의 백조는 더 이상 섬세하고 순결한 상징이 아니다. 근육의 긴장과 거친 숨결이 살아 있는 강렬한 존재, 본능과 자유의 에너지를 폭발시키는 백조로 재탄생했다. 남성 무용수들의 군무는 거칠면서도 관능적이며, 인간의 내면과 본능이 교차하는 긴장감으로 무대를 압도한다. 전통 발레에서는 보기 어려운 힘과 생명력이 춤 속에서 솟구친다.

매튜 본의 「백조의 호수」는 차이콥스키의 음악을 그대로 사용하면서도, 왕실과 사회, 인간관계 속의 갈등과 정체성을 현대적으로 해석했다. 정치적 상징과 성(性)의 경계, 모자 관계의 심리적 긴장까지 담아낸 그의 연출은 발레의 세계에 새로운 패러다임을 제시했다. 런던 초연 이후 지금까지 꾸준히 공연되며, 동시대 발레의 대표작으로 자리매김하고 있다.

차이콥스키가 초연의 실패로 좌절하던 순간들은 헛되지 않았다. 그의 음악은 발레를 단순한 무용의 반주에서 독립된 예술로 끌어올렸고, 지금도 세계 곳곳의 무대에서 관객의 마음을 흔들고 있다.

무대 위에서 발레리나와 발레리노가 꽃잎처럼 흩날리며 춤출 때, 그들의 몸짓은 바람처럼 가볍고 눈부시다.
음악과 춤이 맞닿는 그 숭고한 순간, 우리는 현실을 잠시 잊고 자유롭게 날아오르는 영혼을 마주한다.

QR 코드로 음악 감상하기

 **차이콥스키 –「백조의 호수」**

키로프 발레단

출처 : Warner Classics

03

—

살리에리가 모차르트를 죽였나?

역사는 언제나 진실과 전설이 함께 흐른다. **모차르트(W. A. Mozart)**와 **살리에리(A. Salieri)**의 이야기는 그 두 물결이 가장 짙게 부딪히는 자리다. "살리에리가 모차르트를 죽였다." 그 한 문장은 오랜 세월 동안 한 재능 있는 음악가의 이름을 질투와 악의의 상징으로 만들었다. 하지만 그 안에는 인간의 복잡한 마음, 그리고 예술이 품은 아이러니가 숨어 있다.

살리에리는 당시 빈 궁정의 음악을 총괄하던 **카펠마이스터(Kapellmeister)**였다. 그는 34년 동안 35편이 넘는 오페라를 썼고, 대부분이 흥행에 성공했다. 성실하고 신앙심 깊은 사람이었다. 그리고 무엇보다 그는 훌륭한 스승이었다. 젊은 베토벤, 체르니, 슈베르트, 리스트가 그의 문하를 거쳐 갔다. 살리에리는 그들의 재능을 질투하기보다 별들이 더 빛나도록 밤하늘을 닦아 주는 사람이었다. 그런 그가 어쩌다 질투의 화신으로 남게 되었을까.

모차르트가 세상을 떠난 뒤, 사람들은 이유를 알고 싶어 했다. 천재의 짧은 생을 인간의 언어로 설명하고 싶었던 모양이다. 그때부터 '독살설'이 입에서 입으로 퍼졌고, 요양원에서 중얼거리던 노인의 말이 그 불길에 기름을 부었다. 러시아 시인 푸시킨(A. Pushkin)의 희곡 「모차르트와 살리에리」는 그 이야기에 불을 붙였고, 영화 〈**아마데우스(Amadeus)**〉는 전설에 극적인 생명을 불어넣었다.

나는 이 영화를 처음 본 날을 잊지 못한다. 무대처럼 어두운 화면 속에서 가면 쓴 사내가 나타나 **레퀴엠(Requiem)**을 주문하던 장면, 악보를 쥔 모차르트의 떨리는 손, 병상 곁에서 번뜩이던 살리에리의 눈빛. 그 장면을 보며 나는 묘한 슬픔을 느꼈다. 질투와 존경, 분노와 경외가 한 사람의 마음속에서 이렇게 공존할 수 있다는 사실이 너무도 인간적으로 다가왔기 때문이다.

살리에리는 모차르트의 천재성에 무릎을 꿇으면서도 자신이 신에게 버림받았다고 느꼈을 것이다. 그 마음을 완전히 이해하지 못한다고 해서 우리는 그를 악인이라 단정할 수는 없다. 누구나 마음 한구석에 그런 어둠을 품고 살아가니까.

나 역시 무대에서 누군가의 음악을 들으며 "저 사람은 왜 저렇게 빛날까" 하고 생각한 적이 있다. 그러다 이내 깨닫는다. 질투는 결국 사랑과 존경의 또 다른 얼굴이라는 걸.

살리에리와 모차르트는 경쟁자였지만, 서로의 음악을 무대에 올리고 함께 곡을 쓰기도 했다. 1788년 살리에리는 **모차르트의 오페라 「피가로의 결혼」**(Le Nozze di Figaro)을 지휘했고, 모차르트의 아내 **콘스탄체(Constanze)**는 남편이 세상을 떠난 후 둘째 아들을 살리에리에게 보내 음악을 배우게 했다. 만약 살리에리가 진정 모차르트를 해쳤다면, 그런 선택이 가능했을까.

영화의 마지막, 병원으로 실려 가는 살리에리 위로 **모차르트의 「교향곡 제25번 G단조(K.183)」**가 흐른다. 그 음악은 마치 인간의 마음속 질투와 고독, 그리고 경외의 빛을 함께 품은 듯하다. 17세의 소년이 쓴 이 곡은 지금 들어도 벼락처럼 가슴을 때린다. 나는 이 곡을 들을 때마다 두 사람의 관계를 떠올린다. 어쩌면 그들의 경쟁은 서로를 파괴한 것이 아니라, 서로의 음악을 더 깊게, 더 뜨겁게 만든 건 아닐까 하고.

"살리에리가 모차르트를 죽였는가?" 역사는 아니라고 말한다. 하지만 전설은 쉽게 사라지지 않는다. 그리고 나는 그게 꼭 나쁘지만은 않다고 생각한다. 그 전설 덕분에 우리는 다시 살리에리의 음악을 듣게 되었고, 그의 이름을 '악역'이 아닌 '장인'의 자리로 되돌려 놓을 수 있었으니까.

결국 남는 건 판결이 아니라 울림이다. 모차르트와 살리에리, 두 사람의 선율은 지금도 하늘 아래를 흘러가며 우리의 마음을 적신다. 한겨울 창가를 스치는 바람처럼, 그들의 음악은 오해와 진실을 넘어 여전히 우리 곁에 머문다.

 QR 코드로 음악 감상하기

 **모차르트 –「교향곡 제25번」1악장**

출처 : 유튜브 The Gold Piano

 **모차르트 –「교향곡 제25번」1악장**

출처 : 유튜브 Miguel Proença

04
—
새벽에 들리던 음악

새벽 공기가 얇게 내려앉던 어린 시절, 집 앞에 멈춰 선 쓰레기 차에서 가녀린 선율이 흘러나왔다. 베토벤의 바가텔, 우리가 익숙하게 부르는 「**엘리제를 위하여**」였다. 생활의 소음 사이로 스며들던 그 멜로디는 매일 같은 시간에 찾아오는 작은 안부 같았다. 아마 클래식 음악 가운데 이 곡만큼 널리 사랑받는 작품도 드물 것이다. 3분 남짓한 짧은 길이에 비교적 연주도 쉬워, 피아노 교본 바이엘을 마칠 무렵이면 누구나 한 번쯤 도전하는 곡이다. 어릴 적 피아노 앞에 앉아 이 곡을 열심히 연습하던 기억이 아직도 생생하다. 이제는 아이들이 이 곡을 연주하는 모습을 보면 그렇게 사랑스러울 수가 없다.

이 곡은 1810년 무렵 조곡된 것으로 알려져 있으나, 오랫동안 세상에 알려지지 않았다가 **1867년 음악학자 루드비히 놀(Ludwig Nohl)**에 의해 비로소 세상에 소개되었다. '바가텔(Bagatelle)'이란 클래식 음악에서 '작고 가벼운 피아노 소품'을 뜻한다. 그 수많은 바가텔 가운데 가장 널리 알려진 작품이 바로 이 「**엘리제를 위하여**」이다.

제목 속 '엘리제'가 실제 인물인지, 아니면 상상의 여인인지는 지금까지도 명확히 밝혀지지 않았다. 일부는 베토벤이 사랑했던 **테레제 말파티(Therese Malfatti)**로 추정하기도 하고, 다른 쪽에서는 그의 악필 때문에 '테레제를 위하여'를 '엘리제를 위하여'로 잘못 읽은 결과라는 설도 있다. 또 어떤 이는 오페라 가수였던 **엘리자베트 뢰켈(Elisabeth Röckel)**을 그 주인공으로 보기도 한다. 그녀가 누구였든, 베토벤이 누군가를 향한 마음을 음악으로 전했다는 사실 하나만으로도 이 짧은 소품은 오래도록 빛을 잃지 않는다.

이 곡은 '포코 모토(Poco moto, 약간의 움직임을 가지고)'라는 지시어와 함께 A-B-A-C-A의 론도 형식으로 쓰였다. 왼손의 잔잔한 아르페지오 위에 오른손의 선율이 투명하게 얹히며, 맑고 순수한 분위기를 만들어낸다. 반복되는 A의 주제는 마치 익숙한 길을 다시 걷는 발걸음처럼 마음을 편안하게 하지만, 중간의 카덴차(Cadenza) 부분에서는 불안과 갈망이 번쩍이며 순간적인 긴장감이 솟구친다. 그러나 곡은 결국 다시 처음의 평온한 선율로 돌아와 사랑스럽게, 그리고 조용히 끝맺는다.

문득 **2019년 피아니스트 랑랑(Lang Lang)**의 내한 쇼케이스에서 들었던 「엘리제를 위하여」가 떠오른다. 평소 화려하고 에너지

넘치는 연주로 잘 알려진 그가, 그날만큼은 한없이 부드럽고 따뜻한 소리로 마치 베토벤의 마음을 조심스레 펼쳐 보이듯 담백하게 들려주었다.

베토벤의 짧은 바가텔은 단순한 선율을 넘어, 누군가의 기억 속에 깊이 새겨져 긴 여운으로 남는다. 사랑과 그리움이 함께 스며 있는 이 곡은 오늘을 살아가는 우리에게 건네는 위로이자 기도이다.

음악은 그렇게 순간을 넘어 영원을 품고, 우리 삶의 가장 깊은 곳에서 고요히 흐른다.

 QR 코드로 음악 감상하기

 베토벤 –「엘리제를 위하여」
연주: 랑랑

출처 : Steinway & Sons

05

음악으로 남긴 유서

늦은 밤, 차이콥스키의 「비창」을 조용히 틀었다. 첫 음이 울리는 순간, 방 안의 공기가 달라졌다. 시간이 멈춘 듯 고요해지고, 내 마음은 어느 공연장의 어둠 속으로 스며들었다. 만약 내가 이 곡을 연주곡으로 기획한다면, 조명을 아주 낮고 부드럽게 깔고 싶다. 현악기의 숨결이 들릴 만큼 어두운 무대 위, 관객의 눈동자에는 희미한 불빛만 남아 있을 것이다. 마지막 선율이 사라질 때 그 불빛조차 천천히 꺼지고, 그와 함께 마음속 오래된 기억 하나가 조용히 흩어질 것이다. 그때 나는 생각했다. 「비창」은 단순한 교향곡이 아니라, 한 사람의 인생이 천천히 사라지는 장면이라는 것을.

차이콥스키의 교향곡 제6번 「비창」은 나이가 들수록 다르게 들린다. 젊을 때는 격정의 파도처럼 느껴졌지만, 지금은 오래 버틴 사람의 체온이 먼저 전해진다. 초연 무대에서 직접 지휘하고 아흐레 뒤 세상을 떠났다는 이야기를 알고 난 후부터는 4악장의 잦아드는 음 하나하나가 작별 인사처럼 들린다. 나는 그저 상상 속 무대를 떠올릴 뿐인데도, 그 어둠 속에서 그의 마음이 고스란히 전해지는 듯하다.

이 작품은 형식부터 다르다. 통쾌한 결말도, 금빛 승리의 팡파르도 없다. 3악장의 환호가 끝나자마자 4악장은 '슬픔의 무게' 자체가 되어 우리를 아래로 데려간다. 나는 그 낙하가 잔인하다고 느끼면서도, 삶이란 본래 그렇다는 것을 인정하게 된다. 사람은 늘 위로 올라가기만 하지 않는다. 견디며 아래로 향하는 시간도 인생의 한 부분이다.

그의 생을 들여다보면 음악의 떨림이 이해된다. 차이콥스키는 예민하고 내성적이었다. 사랑 없는 결혼은 곧 파국으로 끝났고, 자신의 정체성에 대한 고독은 평생 그를 따라다녔다. 그런 그에게 구원이 되어 준 존재가 있었다. 부유한 미망인 **나데즈다 폰 메크 (Nadezhda von Meck).** 두 사람은 15년 동안 단 한 번도 만나지 않은 채 1,200통이 넘는 편지를 주고받았다. 매년 6,000루블, 당시 음악원 교수 초임의 열 배에 달하는 후원은 그의 삶을 지탱해 주었다.

나는 이 사실을 알았을 때 묘한 위로를 받았다. 직접 만나지 않아도, 진심이 사람을 살릴 수 있다는 믿음 때문이다. 나 역시 공연을 준비하면서 멀리 있는 사람과 마음으로 연결되는 순간들을 여러 번 경험했다. 무대의 불빛이 켜지는 그 순간을 함께 꿈꾸는 마음, 그 마음이 예술을 힘 있게 앞으로 밀어준다는 것을 안다.

그러나 그 끈이 끊겼을 때 그는 다시 깊은 어둠으로 떨어졌다. 이유도 모른 채 편지가 멈추고, 후원이 중단되자 그는 상실의 벼랑 앞에 섰다. 그리고 마지막 힘을 모아 「비창」을 썼다. 나는 이 곡을 **'절망의 기록'**이라고 부르지 않는다. 오히려 **끝까지 살아보려는 사람의 기록**이라고 부르고 싶다. 4악장은 사라짐의 음악이지만, 그 사라짐조차 정직하게 바라보는 용기가 있다. 그래서 「비창」은 슬픔을 과장하지 않고, 오히려 품위 있게 내려놓는다.

예술가에게 물질적 조건은 생각보다 중요하다. 생계가 흔들리면 시간도, 집중도, 용기도 함께 흔들린다. 그러나 재능과 수입은 반드시 비례하지 않는다. 무대 뒤에서 나는 그 사실을 얼마나 자주 보는가. 티켓 판매와 후원, 리허설과 무대 준비 사이에서 예술은 늘 현실과 부딪친다. 그럴수록 누군가는 자기 선율을 포기하지 않는다. 차이콥스키에게 폰 메크가 그랬듯, 누군가의 신뢰와 보살핌이 한 사람의 음악을 지켜낸다. 공연장을 나서며 나는 자신에게 묻는다. 오늘 나는 누구의 선율을 지켜주었는가.

그의 죽음이 콜레라였는지, 스스로 택한 길이었는지는 여전히 분명하지 않다. 그러나 한 가지는 확실하다. 「비창」은 삶의 무게에 짓눌린 마음을 음악이라는 언어로 기록한, 가장 인간적인 고백이다. 그는 세상에서 온전히 말할 수 없었던 것을 악보 위에 남겼다.

그래서 나는 이 곡을 들을 때마다 마음이 단단해진다. 슬픔을 피하지 않고 바라보는 일, 그것이 인간이 가진 가장 고귀한 용기라는 것을 배우기 때문이다.

어떤 밤에는 불을 끄고 「비창」을 다시 틀어 놓는다. 조용히 눈을 감으면, 보이지 않는 손이 등을 토닥인다. "여기까지 잘 왔다." 음악이 말해준다. 그래서 나는 다시 일어나 하루를 산다. 사람들 앞에서든, 혼자든, 각자의 선율을 끝까지 써 내려가는 삶. 차이콥스키가 그랬던 것처럼, 나도 나의 '음악으로 남긴 유서'를 오늘도 살아서 써 내려간다.

QR 코드로 음악 감상하기
차이콥스키 – 교향곡 6번 「비창」
지휘: 정명훈
연주: 원코리아 오케스트라

출처 : 유튜브 TV예술무대

06
멈추지 않는 눈물

　새벽 세 시, 고요한 어둠 속에서 봄이의 숨결이 갑자기 거칠어졌다. 그 순간, 세상이 무너져 내리는 듯 심장이 요란하게 울렸다. 나는 이성을 잃은 채 "봄이야! 봄이야! 엄마 여기 있어, 우리 아가!"하고 외쳤다. 그러나 그 절박한 부름도 닿지 못한 채, 봄이는 조용히 무지개다리를 건너가 버렸다.

　가슴이 찢겨 나가는 듯한 절규, 멈추지 않는 눈물 속에서 작은 몸은 더 이상 움직이지 않았다. 시간은 멈춘 듯했고, 세상의 소리가 모두 멎어 있었다.

　계절이 몇 번 바뀌었지만 봄이의 빈자리는 여전히 크다. 하루를 마감하고 잠자리에 누울 때면 불현듯 떠오르는 모습에 베갯잇을 적신다. 길 위에서 마주치는 반려견들의 발소리마다 봄이의 얼굴이 겹쳐지고, 주변에서는 다시 예쁜 아이를 키우라 권하지만 아직은 마음이 그곳까지 닿지 못한다.

　대신 따뜻한 봄이 오면 남편과 함께 유기견 보호소를 찾아가기로 했다. 준비해 둔 사료와 작은 선물들을 전하며, 그곳에서 또 다른 생명과 눈을 맞출 날을 기다리고 있다.

그리움이 밀려올 때마다 자주 듣는 곡이 있다. **안토닌 드보르자크(Antonín Dvořák)**의 「집시의 노래(Gypsy Songs)」 중 네 번째 곡, **「어머니가 가르쳐주신 노래(Songs My Mother Taught Me)」**. 세 아이를 잃은 슬픔 속에서 쓰인 이 곡은 자유로움 속에 스며 있는 비애가 한 음 한 음마다 번져 나온다. 「어머니가 가르쳐주신 노래」는 사랑하는 존재를 잃은 모든 이의 마음을 어루만지며, 눈물의 깊은 골짜기에서조차 삶이 다시 피어날 수 있음을 알려준다.

우리 모두 언젠가는 소중한 존재와 이별을 맞이한다. 비록 눈으로 볼 수도, 손으로 만질 수도 없지만 가슴으로 기억하고, 마음으로 느낄 수 있다. 그리움이 흐르는 순간마다 나는 믿는다. 언젠가 천국에서 다시 만나게 될 그날이 있을 거라고.

봄이야

예쁜 나의 봄이야,
오늘도 엄마는 너를 그리워한다.

어제는 비가 내려서 보고 싶더니,
오늘은 햇살이 반짝이니 더 생각이 난다.

너 없는 산책길,
너 없는 침대의 빈자리는
여전히 너무 크구나.

잠 못 드는 밤이면
엄마 곁을 지키다
내가 잠이 들면
조용히 일어나던 우리 착한 봄이.

화장대 위에 놓인 네 사진을
하루에도 몇 번씩 쓰다듬고,
레이스 원피스에 아직 너의 체취가 남아 있을까 싶어
코끝을 가만히 대본다.

봄이야,
엄마가 하늘나라 갈 때까지
그곳에서 행복하게 지내렴.
그날이 오면

우리 다시 만나자.

여기서 많이 아팠던 만큼,
저 하늘에서는 마음껏 뛰어놀기를.

엄마가 매일 울면
우리 봄이 속상할까 봐
이제는 목이 메어도 밥을 먹고,
일도 다시 시작했단다.

그러니 엄마 걱정은 하지 말고,
그곳에서 행복해야 해.

그래, 봄이야.
서상에 없는 봄을 그리워하며,
나는 오늘도 네 이름을 부른다.
사랑이라는 가장 긴 멜로디로.

 QR 코드로 음악 감상하기

 드보르자크 - 「어머니가 가르쳐주신 노래」

출처 : 유튜브 조수미-주제

사랑은 사라지지 않는다. 봄이 되어 다시 피어난다.
- 봄이의 아가들, 고요히 이어지는 사랑 -

07

기차를 사랑한 남자

"기관차를 내가 발명할 수 있었다면,
내가 작곡한 교향곡 전부를 포기해도 좋을 텐데."

드보르자크(1841~1904)의 이 한마디에는 음악가의 낭만과 소
년의 설렘이 함께 담겨 있다. 그는 진정 기차를 사랑한 사람이었다.

1850년대, 프라하의 블타바강가에 철도가 놓이던 시절. 하루 일
을 마친 이탈리아 인브들이 선술집에 모여 술잔을 부딪치며 민요
를 불렀다. 그 노랫소리를 조용히 듣고 있던 아홉 살 소년이 있었
다. 훗날 그 소년은 세계적인 작곡가 드보르자크가 된다. 어쩌면 그
의 음악 속에 흐르는 따뜻한 선율은 그 시절, 술기운에 섞여 흐르던
민요의 숨결이었는지도 모른다.

철도가 완공된 후, 어린 드보르자크는 매일 기차역으로 향했다.
그는 기차의 도착 시간표와 기관차의 번호를 꼼꼼히 기록하며 기
술자들과 이야기를 나누었다. 그것이 세상에서 가장 즐거운 일이
었다. 그는 음악가이기 이전에 움직이는 세상의 리듬에 귀 기울인

사람이었다. 기차 바퀴가 철로 위를 달릴 때 나는 규칙적인 쇳소리조차 그에게는 하나의 음악처럼 들렸을 것이다.

그의 인생은 결코 순탄하지 않았다. 부모는 음악에 무관심했고, 가난은 그를 끝없이 따라다녔다. 그러나 그 안에서도 그는 포기하지 않았다. 레스토랑의 한 구석, 카페의 무대, 그리고 성당의 오르간 앞에서 드보르자크는 음악으로 삶을 견뎠다. 그의 손끝에서 흘러나온 선율은 어쩌면 배고픔보다도 더 간절한 **'살아 있음의 증거'**였을 것이다.

그를 세상 밖으로 이끈 것은 브람스였다. 공모전 심사위원이었던 브람스는 드보르자크의 악보를 보고 단번에 알아보았다. "진짜 음악이 여기에 있다." 그의 손에 이끌려 출판된 「슬라브 무곡」은 유럽 전역을 흔들며 드보르자크를 단숨에 세계적인 작곡가로 만들었다. 그의 명성은 조국의 좁은 기차역을 넘어, 대서양을 건너 뉴욕까지 이어졌다.

1892년, 그는 뉴욕 내셔널 음악원 원장으로 초청받아 신대륙으로 떠났다. 그랜드센트럴역의 웅장한 풍경을 마주한 그는 잠시 숨을 멈췄다. 그러나 그 어떤 기차도, 그 어떤 대륙도 그의 가슴속에 남아 있던 프라하의 작은 역을 대신할 수는 없었다. 그리움은 결국

음악이 되었다. 그런 그리움을 악보에 새긴 결과가 바로 **교향곡 제9번 「신세계로부터」**였다

이 곡을 들을 때마다 나는 이민자의 마음을 느낀다. 새로운 세상에서 부푼 희망을 품었으나, 그 바닥에는 언제나 고향을 향한 그리움이 깔려 있다. 드보르자크가 바라본 신세계의 풍경은 내가 낯선 무대에 설 때마다 느끼는 두려움과 설렘, 그 복합적인 감정과 닮아 있다. 나 또한 공연을 기획하며, 음악이란 결국 '돌아가는 길'을 찾아가는 여정이라는 생각을 자주 한다. 아무리 먼 곳으로 향해도, 음악은 늘 나를 원점으로 되돌려놓는다. 그가 프라하의 기차를 그리워했듯이, 나에게 음악은 언제나 마음의 고향이다.

말년의 드보르자크는 다시 프라하로 돌아왔다. 마지막 오페라 「아르미다」를 준비하면서도 그는 날마다 기차역을 찾았다. 몸이 쇠약해도, 통증이 심해도, 기차의 휘파람 소리가 들리면 어린 시절의 소년처럼 달려갔다고 한다. 1904년 5월, 그는 세상을 떠났지만 그가 사랑한 기차와 음악은 여전히 세상을 달리고 있다.

기차를 사랑했던 작곡가, 드보르자크. 그의 선율은 철로 위를 달리던 바퀴 소리처럼 일정하고, 진실하며, 따뜻하다. 「신세계로부터」를 들을 때마다 나는 생각한다. 삶의 소음 속에서도 이렇게 아

름다운 리듬을 찾아낸 사람, 그가 바로 진정한 음악가였다고.

그리고 오늘도 나는 그처럼 믿는다. 우리의 하루도 어쩌면 수많은 기차의 노선처럼 이어져 있다. 잠시 멈추어 설 때마다 들려오는 그 쇳소리 같은 리듬 속에서 나는 다시 마음의 조율을 배운다. 삶은 흘러가지만, 음악은 언제나 그 길 위에서 반짝인다.

 QR 코드로 음악 감상하기

 드보르자크 – 교향곡 9번 「신세계로부터」 4악장

출처 : 유튜브 스쿨뮤직_음악수행

08

사랑의 마음을 담아

무거운 눈꺼풀과 씨름하며 침대에서 몸을 이리저리 뒤척이고 있는데, 남편이 조심스레 문을 연다. "곧 이삿짐센터에서 침대를 다시 배치하러 온다네." 낮고 따뜻한 목소리에는 잠든 나를 다정하게 깨우려는 배려가 고스란히 배어 있다.

교통사고 이후 많이 회복되었지만, 날이 요즘처럼 매서워지거나 하늘이 잿빛으로 흐린 날이면 몸이 유난히 무겁다. 아니나 다를까, 창밖에는 거대한 눈송이가 흰 꽃잎처럼 흩날리고 있었다. 그 풍경이 마치 고요한 악보 위에 흰 음표들이 내려앉는 듯, 세상 전체가 느린 왈츠로 흔들리고 있었다.

초인종 소리에 몸을 일으켜 거실로 나오니, 집 안 가득 바다 향이 스며든다. 부엌에서 분주히 꽃게탕을 끓이던 남편이 장난스럽게 말한다. "이러다 일하러 온 사람들이 부인은 방에만 있고, 남편이 부엌에서 일한다고 하겠네." 그 순간 미안함과 고마움이 뒤섞여 나도 모르게 웃음이 터진다. 그리고 아무 말 없이 그의 등에 얼굴을 가만히 묻는다. 따뜻한 체온이 전해진다. 그것만으로도 충분했다.

잠시 후 가구 배치가 마무리되자, 건축 일을 하는 지인이 그림과 시계를 알맞은 자리에 걸어주었다. 우리는 식탁에 둘러앉아 남편이 끓인 시원한 꽃게탕을 맛보며 웃음을 터뜨렸다. 김이 피어오르는 냄비 속에서는 겨울 바다가 다시 숨을 쉬는 듯했고, 그 따뜻한 웃음 사이로 작은 행복이 고요히 내려앉았다.

설거지와 뒷정리가 끝나자 다시 몸이 무겁게 가라앉는다. 예전 같으면 억지로 일을 이어 갔겠지만, 오늘은 모든 걸 내려놓고 따뜻한 침대 속으로 몸을 밀어 넣었다. 남편은 미팅이 있다며 가볍게 입을 맞추고 나간다. 그 뒷모습을 보며 마음속으로 속삭인다. "참 좋은 사람이다."

얼마나 시간이 흘렀을까. 눈을 뜨니 몸이 한결 가볍다. 남편의 다정한 사랑이 여전히 공기 속에 머물러 있는 듯했다. 문득 **슈만**이 사랑하는 클라라에게 결혼 선물로 바친 「**헌정**」이 떠올랐다. 그 곡의 절절한 선율에는 '당신을 사랑합니다'라는 말보다 더 깊은 진심이 담겨 있다. 사랑이 음악이 된다면, 바로 그런 소리일 것이다.

나는 그 곡을 들을 때마다 피아노 건반 위를 스치는 음 하나하나가 마치 누군가의 손길처럼 느껴진다. 리스트가 편곡한 버전에서는 특히 따뜻한 여운이 길게 남는다. 선율이 천천히 내 마음을 감싸 안으며, 사랑받고 있다는 벅찬 확신이 밀려온다.

언젠가 감사의 마음을 담아 남편에게 이 곡을 바치고 싶다. 그의 사랑이 내 삶을 다시 빛나게 했듯, 이 음악이 그에게도 잔잔한 위로와 행복으로 흘러가기를 바라면서.

QR 코드로 음악 감상하기

슈만 – 리스트 「헌정」

연주: 손열음

출처 : 유튜브 손열음 YEOL EUM SON

09

그 시절을 회상하며

그 시절을 떠올리면 문득 입가에 미소가 번진다. 그때의 햇살, 친구의 웃음소리, 겨울밤 창가에 앉아 듣던 라디오 음악까지, 오래된 기억들은 여전히 내 마음 어딘가에서 숨 쉬고 있다. 지나간 날들에 매여 사는 것은 경계할 일이지만, 가끔은 아름다운 추억을 되새기며 잠시 머무는 일, 그 짧은 멈춤이 지금의 삶을 한층 더 깊게 만든다.

그 기억의 문을 열어주는 가장 확실한 열쇠는 언제나 음악이다. 음악은 향기처럼, 그리고 빛처럼 시간을 거슬러 우리의 마음을 다시 그때의 자리로 데려다준다. 음악이 흐르면 멈춰 있던 마음의 시계가 다시 움직이고, 잊었다고 생각했던 감정들이 조용히 깨어난다.

내게 그런 곡이 있다. **로베르트 슈만**의 「어린이 정경」 중 제7곡, 「**트로이메라이(Träumerei)**」. '꿈' 혹은 '환상'을 뜻하는 이 짧은 피아노 소품에는 어린 날의 순수함과 어른이 되어도 잊지 말아야 할 감성이 섬세하게 담겨 있다. 단 몇 분의 연주지만 들을 때마다 마음이 고요해지고, 오래된 시간의 문이 천천히 열린다.

피아니스트 김정원은 어느 연주회에서 슈만에 대해 이렇게 말했다. "꿈이 꼭 이루어져야만 아름다운 것은 아닙니다. 슈만은 피아니스트가 되기를 누구보다 원했던 사람이었습니다. 그는 그 꿈을 이루지 못했지만, 그가 남긴 곡들은 수많은 피아니스트의 꿈이 되었습니다."

그 말을 들었을 때 나는 한동안 아무 말도 할 수 없었다. 이루지 못한 꿈도 누군가에게는 새로운 시작이 되고, 좌절의 끝자락에서도 예술은 여전히 빛난다는 것. 그것이 바로 삶이 우리에게 건네는 묘한 선물이다.

슈만의 인생은 빛과 그림자가 교차하는 낭만의 서사였다. 부모의 반대를 무릅쓰고 음악의 길을 택했지만, 무리한 연습은 손가락 부상으로 이어져 피아니스트의 꿈을 포기해야 했다. 그러나 그는 그 실패마저 음악으로 승화시켰다. 작곡가로 방향을 돌린 뒤에는 음악과 문학을 아우르며 새로운 예술 세계를 열었다. 잡지 「신음악시보」를 창간해 당시 무명이던 쇼팽과 브람스를 세상에 알렸고, 멘델스존과는 서로의 열정을 북돋우며 음악사의 흐름을 바꾸었다.

그의 삶에는 뜨거운 사랑도 있었다. 스승 비크 교수의 딸, 아홉 살 연하의 클라라. 그녀와의 사랑은 오랜 반대와 법정 싸움을 넘어 결혼으로 이어졌다. 결혼 후 찾아온 평온은 그에게 창작의 불꽃을 안겨주었다. 1840년은 **'가곡의 해'**, 그다음 해는 **'교향곡의 해'**, 이어지는 해는 **'실내악의 해'**라 불릴 만큼 그는 왕성한 창작 의욕으로 삶을 불태웠다.

그러나 세상은 그의 천재성을 알아보기까지 너무 오랜 시간이 걸렸다. 생전 그의 작품은 큰 주목을 받지 못했고, 정신병이 그를 천천히 갉아먹었다. 절친한 멘델스존이 서른여덟의 나이로 세상을 떠나자 그는 깊은 상실감에 빠졌고, 어렵게 초빙된 지휘자의 자리에서도 단원들과의 갈등으로 실패를 겪었다. 결국 그는 라인강 다리 위에서 **"정신병원에 나를 가두어 주시오."**라는 말을 남기고 몸을 던졌다.

2년 뒤, 클라라가 병원을 찾았을 때 슈만은 힘겹게 입을 열었다. "나는 알아." 그리고 이틀 후, 조용히 세상을 떠났다. 그가 알았다고 했던 마지막 말은 무슨 의미였을까. 사랑하는 아내의 고단한 삶이었을까, 아니면 그녀를 향한 브람스의 애틋한 마음이었을까.

슈만과 클라라의 사랑은 지금까지도 음악사에서 가장 아름다운 이야기로 남아 있다. 하지만 현실 속의 두 사람은 사랑만으로는 버틸 수 없는 시간을 살았다. 슈만은 세상으로부터 외면받았고, 클라라는 가족의 생계를 책임져야 했다. 그러나 그 고통의 시간 속에서도 둘은 서로를 음악으로 기억했고, 그들의 사랑은 결국 하나의 예술이 되어 남았다.

비록 그의 생은 고통으로 끝났지만, 풍부한 상상력과 문학적 감수성은 그의 음악에 독특한 빛을 부여했다. 그는 낭만주의의 심장을 울린 작곡가였고, 지금도 그의 선율은 수많은 사람의 마음속에서 살아 있다.

나는 지금 슈만의 「트로이메라이」를 들으며 이 글을 마무리한다. 블라디미르 호로비츠가 모스크바에서 가진 마지막 독주회 영상 속, 그의 손끝에서 흘러나오는 섬세하고 애잔한 선율은 시간의 벽을 넘어 나를 오래전 시절로 데려간다. 그리고 그 문을 열고 들어서는 순간, 과거는 더 이상 아련한 그림자가 아니다. 그때의 추억은 지금의 나를 비추는 따뜻한 빛으로 되살아난다.

QR 코드로 음악 감상하기

슈만 – 「트로이메라이」
연주: 호로비츠

출처 : 유튜브 Nostalgia Classic

김숙진의 이야기가 있는 콘서트 – 청소년과 함께한 공감의 시간

음 악 은
마음깊이
흐 르 고

II

싱그러운 여름

01

어렵게 시작한 음악

본격적으로 음악을 붙잡은 것은 남들보다 한참 늦은, 중학교 2학년 겨울이었다. 병상에 누워 계신 어머니 곁을 지키던 날들이 이어졌고, 음악을 하기엔 여건이 좋지 않았다. 그러나 이상하게도 음악만은 놓을 수가 없었다. 수학여행을 포기하고, 소풍도 출석만 체크한 뒤 곧장 귀가해 악보를 펼쳤던 시절. 체육 시간에는 등나무 그늘에 앉아 숨을 고르며 몸을 추스르곤 했다. 자주 앓아누우며 '그만둘까' 하는 생각이 들 때마다 마음이 흔들렸지만, 그럴수록 악보를 더 꼭 쥐었다.

밥 먹을 시간조차 아까워 빵으로 끼니를 때우고, 이동 중에도 악보에서 눈을 떼지 않았다. 그렇게 버티고 견딘 끝에 나는 서울대학교 음악대학 현악과에 합격했다. 늦게 시작했기에 더 치열했고, 그래서 더 단단해질 수 있었다.

졸업을 앞두고는 연주자의 길을 걸을 것인지, 후배를 양성할 것인지, 혹은 어려운 클래식을 대중에게 더 따뜻하게 전할 방법은 무엇일지를 두고 끝없이 고민했다. 때로는 길을 잃은 듯 방황했지만,

그 시간 또한 내게는 값진 자산이 되었다. 한때는 의상 디자인에 빠져 동서양의 복식을 탐구하며 밤을 새우기도 했고, 음악이론과 지휘를 배우기 위해 작곡가와 지휘자를 찾아다니며 문을 두드리기도 했다. 철학과 미술, 경영과 대중음악까지, 장르의 경계를 넘나들던 그 시절. 나는 내 음악의 언어를 찾고 있었다. 하지만 전공에만 몰두하던 또래들과 달리 여기저기 우물을 파는 내 모습이 초라하게 느껴질 때도 있었다. 그럴 때마다 나를 붙잡아 세운 것은, 결국 음악이었다.

어느 화창한 봄날, 학교 중앙도서관에서 음대로 이어지는 오솔길을 걷고 있었다. 그때 연습실 창문 사이로 봄빛처럼 따스한 소리가 흘러나왔다. 여러 악기 소리 사이로 유독 마음을 적시는 피아노의 선율. 나는 조용히 2층 연습실 문 앞에 서서, **쇼팽의 「녹턴 20번」**이 끝날 때까지 숨을 죽이고 서 있었다. 그날 이후, 마음이 어지럽고 복잡할 때면 언제나 이 곡을 찾는다. 쇼팽의 녹턴 20번은 그렇게 내 삶 속으로 깊이 스며들었다.

영화 피아니스트에서 블라디슬로프 스필만은 라디오 생방송 중 쇼팽의 야상곡을 연주하다 독일의 폭격으로 연주를 멈추게 된다. 가족과 생이별한 그는 폐허가 된 도시의 은신처에서 추위와 굶주림, 고독과 공포 속에 버티다 결국 독일 장교에게 발각된다. 그때,

삶의 마지막일지도 모를 순간에 스필만은 장교 앞에서 조용히 건반을 두드린다. 그가 연주한 곡이 바로 **쇼팽의 「녹턴 20번」**이었다. 전쟁의 한복판, 인간의 존엄이 무너진 자리에서 그는 음악으로 끝끝내 인간의 온기를 보여주었다.

이 곡은 c#단조로 시작해 D♭장조로 이어지고, 마지막에는 아르페지오가 긴 숨처럼 멀어져 간다. 구조는 단순하지만, 기교보다 선율의 숨결과 감정의 농도를 섬세히 담아야 하는 작품이다. 그래서 연주자는 슬픔을 드러내는 대신, 슬픔을 머금어야 한다. 나는 피아니스트 조성진의 연주로 이 곡을 자주 듣는다. 그의 터치는 들뜬 감정을 차분히 가라앉히고, 복잡한 마음을 조용히 하나로 모아 준다. 하루를 정리하고 싶은 밤, 이 곡만큼 좋은 친구도 없다.

돌아보면 음악을 늦게 시작한 덕분에 더 많은 문을 두드렸고, 그 문틈마다 다른 바람을 맞았다. 그러나 음악 바깥의 배움은 내 안의 음악을 더 넓혀 주었고, 길을 잃었다고 믿었던 시간은 결국 내 길을 만들어 주었다. 계절이 바뀌듯 마음의 날씨가 변해도, 변하지 않는 것이 하나 있다. 흔들릴수록 더 또렷하게, 어둠 속에서도 방향을 알려준 것, 그것은 언제나 음악이었다.

그래서 나는 오늘도 무대 뒤에서 공연을 준비한다. 한 곡의 선율이 누군가의 마음에 닿기까지, 어떤 프로그램으로 엮을지, 어떤 연주자를 모실지, 어떤 이야기를 건넬지를 수없이 고민한다. 리허설의 미세한 흐름 하나까지도 살피며, 무대가 하나의 생명처럼 살아 숨 쉬도록 호흡을 만들어 간다. 무대 위의 시간은 짧지만, 그 찰나를 위해 쌓인 시간과 마음은 길고 깊다. 청중이 객석에서 음악을 만나는 바로 그 순간을 위해, 나는 오늘도 묵묵히 이 길을 걷는다.

돌아보면 음악은 언제나 나를 다시 세우고, 또 다른 길로 이끌어 주었다. 지금 내가 기획하는 공연 하나하나가 누군가에게는 위로가 되고, 또 다른 누군가에게는 새로운 시작이 되기를 바란다. 음악은 무대 위와 무대 뒤를 잇는 다리로 내 안에 흐르고, 나는 그 다리를 건너는 이들을 위해 오늘도 조용히, 그러나 단단하게 무대를 준비한다.

 QR 코드로 음악 감상하기

 쇼팽 – 「녹턴 20번」

출처 : 유튜브 The Best of Classical Music

02
—
나는 공연 기획자다

공연이란 눈에 보이는 무대와 출연자, 그리고 어딘가에서 보이지 않게 모든 것을 조율하는 기획자가 만나야 비로소 완성된다. 하나의 공연 요청이 들어오면 나는 먼저 그 공연의 마음을 읽는다. 순수예술의 깊은 결을 살릴 것인지, 대중의 즐거움을 더 크게 만들 것인지. 주최 측의 의도와 목적을 섬세하게 파악한 뒤 날짜와 시간, 무대를 정한다. 그리고 주어진 예산 안에서 최고의 공연을 만들어내기 위해 출연진을 모으고, 프로그램을 짠다.

음향과 조명, 특수효과는 음악이 숨 쉬는 공기이자 빛이다. 무대 장치가 한 박자 늦어도, 조명의 온도가 한 톤만 어긋나도 음악은 금세 마음을 다친다. 그래서 나는 끝없이 확인하고 또 확인한다.

공연은 사람으로 완성된다. 리허설이 끝난 대기실에서 나는 출연자와 눈을 맞추고 어깨를 두드리며 마음의 매듭을 풀어주는 말을 건넨다. 무대에 오르는 사람에게 필요한 것은 단 한 가지, 마지막 1도의 평안이다. 그 1도가 성대를 열고, 손끝을 풀고, 숨을 깊게 만든다.

공연 당일의 나는 온몸에 촉수를 단 마녀처럼 예민해진다. 무대 뒤 모니터 앞에서 객석의 미세한 기류와 연주의 떨림을 동시에 읽는다. 관객이 웃고, 숨을 멈추는 순간이 포착되면 나도 모르게 주먹을 꼭 쥔다. 주최 측이 공연의 성공을 인정하는 그 순간, 나는 마치 하늘을 나는 듯 벅차오른다. 비록 공연이 끝나면 몸은 천근만근 무겁지만, 마음은 언제나 새처럼 가볍다. 이러니 공연이 내 천직이 아니겠는가.

공연은 기획자가 그려낸 의도가 무대 위에서 펼쳐지고, 관객에게 닿는 순간 다시 사라지는 찰나의 예술이다. 관객도 단순한 구경꾼이 아니다. 그들의 숨과 시선이 무대를 다시 쓰고 고친다. 박수의 길이, 침묵의 깊이는 공연의 또 다른 언어가 된다. 그러므로 진정한 공연자는 실력뿐 아니라 관객과 함께 숨 쉬는 능력을 가져야 한다. 공연은 결국 같은 시간, 서르 다른 자리에서 함께 창조하는 공동의 예술이다.

나는 국립공원을 시작으로 학교, 병원, 교도소, 지역축제, 국제행사 등 수많은 무대를 기획해 왔다. 클래식은 물론 뮤지컬, 재즈, 팝, 가요, 국악까지 장르의 경계를 넘나들며 새로운 시도를 이어왔다. 클래식 애호가들을 위한 무대는 이미 충분히 서 있다고 생각한다. 그래서 나는 문화 소외 지역과 일반 대중을 위해 문턱을 낮추고 싶다. 낯선 음악은 설명이 필요하다. 어렵지 않게, 그러나 얕지 않게 해설하며 남녀노소 누구나 들어올 수 있는 무대를 만들었다. 음악은 높이 쌓을 때보다 넓게 펼칠 때 더 멀리 간다.

공연장으로 향하는 길, 차 안에서 자주 듣는 음악이 있다. **앤드루 로이드 웨버의 뮤지컬 「오페라의 유령(The Phantom of The Opera)」**. 브로드웨이와 웨스트엔드에서 최장기 공연을 기록한 이 작품은 오페라 극장 지하에 사는 유령과 가수 크리스틴의 비극적 사랑을 그려낸다.

나는 140명의 오케스트라와 합창단을 지휘하며 이 곡을 만난 적이 있다. 그때 알았다. 인간의 목소리가 어떤 악기보다도 아름답고, 때로는 잔인할 만큼 진실하다는 것을. 그래서 나는 종종 이 작품의 하이라이트를 무대에 올린다. 반응은 언제나 뜨겁다. 관객의 숨결이 하나로 엮이는 순간, 나는 예술의 힘을 다시 믿게 된다.

오늘도 나는 조용히 기도한다. 준비한 모든 것이 제자리를 찾고, 찬란히 빛나기를. 출연자는 자신의 한계를 넘어 마음으로 연주하고, 관객은 따뜻한 마음으로 들어 주기를. 음악이 무대에서 시작해 객석을 건너, 다시 무대로 돌아오는 그 보이지 않는 궤적을 나는 지켜볼 것이다. 긴장과 설렘을 안고, 나는 오늘도 공연장으로 향한다.

QR 코드로 음악 감상하기

 뮤지컬 오페라의 유령 – 「오페라의 유령」

출처 : The Show Must Go On!

03
―
야외 공연은 어렵다.

야외 공연은 늘 하늘과 계약을 맺는다. 더위와 추위는 물론, 비나 바람의 방향까지도 공연의 성패를 좌우한다. 한여름의 낮에는 땅의 열기가 무대 바닥을 달궈 한증막 같은 더위 속에서 몇 시간을 버텨야 하고, 늦가을과 겨울의 저녁 공연은 살에 사무치는 찬 기운이 손끝을 서서히 굳게 만든다. 유독 날씨 때문에 애를 태웠던 무대들이 지금도 생생히 떠오른다.

몇 해 전, 태안해안국립공원에서의 공연이 그랬다. 태풍 경보가 내려진 날, 나는 하늘과 시계를 번갈아 보며 공연 전까지 초조한 시간을 보냈다. 국립공원 측에서는 "바람은 감내할 수 있지만, 비가 내리면 공연은 불가능하다"는 통보를 해왔고, 공연팀은 즉시 비상체제에 돌입했다. 간절한 기도에 응답하듯 공연이 모두 끝날 때까지 비는 한 방울도 내리지 않았다. 조마조마한 마음으로 공연을 마치고 차에 오르자, 그동안 참고 있던 하늘이 마침내 굵은 빗줄기를 쏟아냈다. 금속 지붕을 두드리는 소리 사이로 하루의 긴장이 풀려나가며, 그제야 비로소 숨을 깊이 내쉴 수 있었다. 그 순간의 감격과 안도는 지금도 또렷이 기억에 남아 있다.

그날 이후 나는 한 가지를 배웠다. 아무리 빈틈없이 계획하고 준비해도, 날씨처럼 피할 수 없는 변수가 삶에는 늘 존재한다는 것을. 그래서 이제는 최악의 상황에서도 끝까지 최선을 다하고, 결과가 기대만큼이 아니더라도 후회하지 않기로 마음먹었다. 성과만이 인생의 목표는 아니니까. 소중히 여기는 것들을 최선을 다해 즐기며 충실히 살아내는 일 자체가 이미 한 사람의 행복이라는 믿음이 그날 이후 더 단단해졌다.

서울로 돌아오는 길, 오늘 무대에서 팝페라 가수가 불렀던 **뮤지컬 「이순신」**의 '**나를 태워라**'가 계속 머릿속을 맴돌았다. 투철한 원칙주의로 인해 미움을 받았지만, 험한 역경 속에서도 자신의 임무에 끝까지 충실했던 이순신. 죽는 순간까지 조국을 사랑하며 모든 힘을 다했던 그의 마음이 그 노래 속에 깊이 배어 있었다. 지휘봉처럼 흔들리는 와이퍼의 리듬과 함께, 그 멜로디는 빗줄기 사이로 나지막이 겹쳐 들려왔다.

우리의 인생도 그렇다. 꽃길보다 가시밭길이 더 많을지라도, 우리는 가던 길을 마다할 수 없고, 잠시 쉬어 갈망정 멈출 수는 없다. 오늘 하루도 고되고 버거웠지만, 감사했고, 또 보람찼다. 자동차 위로 떨어지는 빗방울이 점점 더 거세진다. 그 빗소리 속에서 나는 다시 마음속으로 다짐한다. 내일의 하늘이 어떤 얼굴로 나를 맞이

하더라도, 나는 오늘처럼 최선을 다해 살아내리라.

 QR 코드로 음악 감상하기

 **뮤지컬 이순신 –「나를 태워라**

노래: 테너 유채훈

출처 : KBS 레전드 케이팝

04
가을에 사랑을 나누다

    가을빛이 유난히 맑던 2013년 10월 22일, 국내외 어려운 학생들을 위한 **'행복한 나눔 음악회'**를 열었다. 각 기업이 정성껏 내어준 물건을 호텔 로비에서 판매하고, 연예인들은 아끼던 소장품을 경매에 내놓았다. 고양시에 있는 소노캄(전 엠블)호텔은 뜻깊은 취지에 공감한다며 대연회장을 흔쾌히 내주었다. 서로 다른 길을 걷는 사람들이 그날만큼은 각자의 것을 내려놓고 학생들을 위해 마음을 모았다.

    준비 과정에서 문득 이런 생각이 떠올랐다. '교육의 최전선에 선 교장 선생님들로 중창단을 꾸려 무대에 세울 수는 없을까?' 나는 곧장 여러 학교를 찾아다니며 설득에 나섰다. 여러 번의 만남 끝에 **'올드보이즈 코러스'**가 결성되었다.

    연습 첫날, 솔직히 가슴이 철렁했다. 힘이 빠진 목소리, 제각각인 화음, 과연 공연을 올릴 수 있을까 걱정이 앞섰다. 그러나 전문 지휘자와 피아니스트의 헌신, 체계적인 연습, 그리고 교장 선생님들의 뜨거운 열정이 믿기 어려울 만큼의 변화를 만들어냈다. 석 달동안 여러 학교 음악실을 전전하며 흘린 땀 덕분이었을까. 어느새 그들의 소리에는 단단한 결이 생기기 시작했다.

마침내 공연의 첫 순서로 무대에 오른 '올드보이즈 코러스'는 그날 가장 뜨거운 박수와 환호를 받았다. 사회적 지위도 체면도 내려놓은 채 학생들을 위해 진심으로 부르는 노래는 그 어떤 전문 음악가의 완벽한 기교보다 더 큰 울림을 전했다.

객석이 썰렁하면 어쩌나 걱정했지만, 공연장은 600여 명의 관객으로 가득 찼고 KBS1 라디오에서도 의미 있는 행사라며 취재를 나왔다.

그날 나는 깨달았다. 백 마디의 말보다 진심이 담긴 노래 한 곡이 사람의 마음을 움직이는 힘이 더 크다는 사실을. 그날의 무대는 내게 평생 잊지 못할 경험이 되었고, 이후 학교나 병원, 교도소 같은 문화 소외 지역을 찾아가는 콘서트로 이어졌다.

지금도 라디오나 텔레비전에서 「10월의 어느 멋진 날에」가 흘러나오면, 깨끗한 흰 와이셔츠에 검은 나비넥타이를 매고 열창하던 '올드보이즈 코러스'의 모습이 선명히 떠오른다. 그날의 노래 가사처럼 맑고 순수한 열정을 품은 선생님들이 오늘따라 유난히 그립다. 조만간 따뜻한 밥 한 끼라도 함께 나누고 싶다.

이 노래는 유럽의 연주 그룹 시크릿 가든(Secret Garden)의 1집에 수록된 곡을 바탕으로, 2000년 한경혜가 가사를 붙이고 바리톤 김동규의 노래로 널리 사랑받게 되었다. 아름다운 선율도 훌륭하지만, 유독 마음을 붙잡는 두 줄의 가사가 있다.

"널 만난 세상 더는 소원 없어, 바램은 죄가 될 테니까."
"살아가는 이유, 꿈을 꾸는 이유, 모두가 너라는 걸."
- 노래 「10월의 어느 멋진 날에」 (작사: 한경혜 / 작곡: Rolf Løvland)

달콤한 멜로디와 가사 때문일까. 10월이 되면 어김없이 라디오와 행사장에서 이 노래가 들려온다. 우리가 살아가는 이유, 그리고 꿈을 꾸는 이유가 누군가를 사랑하기 때문이라면 세상은 분명 더 따뜻해질 것이다.

가을 공기가 유난히 맑고 투명했던 그날을 기억하며 오늘도 「10월의 어느 멋진 날에」를 듣는다. 그날의 노래와 웃음, 그리고 마음을 모았던 사람들의 온기가 아직도 내 안에서 따뜻하게 흐르고 있다. 그 기억이 있기에 나는 오늘도 무대 위에서 음악이 줄 수

있는 사랑을 전하고 싶다. 그것이 그날이 내게 남긴 가장 큰 선물
이다.

QR 코드로 음악 감상하기

김동진 – 「10월의 어느 멋진 날에」
노래: 김동규 & 조수미

출처 : 유튜브 솔로 포인트

05

빗속의 공연

공연 전날, '**비가 온다**'는 일기예보 하나에 밤새 잠을 이루지 못했다. 무대 장비가 젖으면 어쩌나, 관객이 오지 않으면 어떡하나. 뒤척이다 맞은 새벽은 유난히 길고 축축했다. 불안한 마음을 안고 달려간 곳은 전북 무주 덕유산 국립공원이었다. 빗방울이 처마 끝을 두드리는 풍경 속에서 주최 측과 몇 번이나 상의한 끝에 우리는 결국 결정을 내렸다. "공연은 예정대로 진행합니다."

해 질 녘, 클래식 선율이 덕유산 자락을 감싸기 시작하자 놀라운 일이 일어났다. 비가 오는데도 사람들은 하나둘씩 무대를 향해 모여들었다. 야영객들은 비옷을 걸치고, 아이들은 젖은 손을 꼭 잡은 채 천천히 걸어왔다. 비와 음악이 한데 섞이는 순간, 그 산속의 야영장은 세상에서 가장 아름다운 공연장이 되었다.

팝페라 가수의 깊고도 부드러운 노래, 바이올린의 투명한 선율, 그리고 색소폰의 따뜻한 숨결이 빗소리 사이를 헤집고 흘렀다. 우스꽝스러운 몸짓으로 웃음을 자아낸 마임 공연은 가족 단위 야영객들에게 '**자연 속 예술**'이 주는 낯선 해방감을 선물했다. 그날 무주는 단순한 여행지가 아니라, 삶이 잠시 쉬어가는 한 편의 여름 교향곡이 되었다.

초대한 소외계층, 다문화 가족, 그리고 지역 주민들이 비를 맞으며 음악을 들었다. 그 누구도 자리를 떠나지 않았다. 우산 아래에서, 아이들의 눈망울은 빗방울보다 더 반짝였다. 공연이 끝날 때까지 자리를 지키던 그들의 모습은, 무대 위 우리에게 잊지 못할 감동으로 남았다.

사람들은 내게 묻는다. 왜 야외 공연을 고집하느냐고. 이유는 단순하다. 아름다운 자연 속에서 음악이 얼마나 인간을 자유롭게 하는지를 직접 보여주고 싶기 때문이다. 사계절이 분명한 이 땅의 풍경은, 그 자체로 하나의 거대한 악보다. 바람이 음표가 되고, 나뭇잎이 현악기가 된다. 그 안에서 나는 늘 마음을 새롭게 한다.

그래서일까. 공연의 마지막 순서로 자주 올리는 곡이 있다. 국악 장단 위에 대한민국의 영혼을 담은 「**아름다운 나라**」. 한태수 작곡, 채정은 작사, 그리고 성악가 신문희의 목소리로 완성된 그 노래는 해 질 무렵 붉게 물든 하늘 아래에서 들을 때 가장 빛난다. 서쪽 지평선이 노을로 물드는 그 순간, 무대 위에서 그 곡이 울려 퍼지면 가슴이 벅차오르고 눈시울이 뜨거워진다.

그날 덕유산의 빗속 공연은 내게 많은 것을 남겼다. 두려움과 걱정으로 시작했지만, 결국 자연과 음악, 그리고 사람들의 마음이 한데 어우러져 만들어낸 기적 같은 하루였다. 이제 그 빗소리는 내게 불안의 소리가 아니라, **'음악이 완성되는 마지막 악장'**으로 남아 있다.

QR 코드로 음악 감상하기

신문희 – 「아름다운 나라」

노래: 소프라노 신문희

출처 : 유튜브 zibabuzi

06
—
아름다운 월정사에서

　새벽잠을 털고 오대산의 품으로 향했다. 한 줄기 안개가 천천히 걷히자, 월정사가 고요한 자태로 모습을 드러냈다. 사찰로 이어지는 다리 아래로 흐르는 물은 유리처럼 맑았다. 그 물결에 발끝이라도 담그면 세속의 먼지가 모두 씻겨 내려갈 것만 같았다.

　절 마당에 들어서니 오랜 세월을 품은 팔각구층석탑이 가장 먼저 눈에 들어왔다. 세월의 비바람을 묵묵히 견뎌 온 그 탑 앞에는 공양하는 좌상이 앉아 있었고, 주변엔 수많은 연꽃 모양의 소원등이 바람결에 살짝 흔들리고 있었다. 바람 한 줄기에도 기도가 실려 있는 듯, 그곳은 이미 하나의 거대한 마음의 사원이었다.

　감독이 무대를 점검하는 동안 나는 주변을 천천히 거닐었다. 침엽수림 사이로 스며드는 가을 햇살은 금빛 물결처럼 흔들리고, 단풍은 그 빛을 받아 눈부시게 타올랐다. 전나무 숲에 들어서자 하늘을 향해 곧게 뻗은 나무들이 내뿜는 피톤치드 향이 온몸을 감쌌다. 깊은 숨을 들이쉬니 머리가 맑아지고, 세상의 소음이 멀어졌다. 무념무상의 시간, 그 고요 속에서 나는 문득 깨달았다. '음악이란 결

국 마음의 숲과 같구나.'

리허설 시간이 다가오자 발걸음을 돌렸다. 야외 공연은 언제나 자연과의 협업이다. 이날도 음향의 난제가 우리를 괴롭혔다. 오랜 시간 함께해 온 유 감독이 부득이하게 빠지면서, 처음 만난 팀과 즉흥적으로 호흡을 맞춰야 했다.

문제는 공간이었다. 므대와 절의 건물이 너무 가까워 소리가 벽에 부딪혀 잔향이 메아리처럼 돌아왔다. 볼륨을 높이면 귀를 아프게 하고, 낮추면 들리지 않았다. 우리는 결국 스피커를 앞과 중간에 분산 배치해 되돌아오는 소리를 밀어내기로 했다. 음악이 맑게 울리기 위해서는 눈에 보이지 않는 수많은 손의 세심한 조율이 필요했다.

드디어 첫 무대. 타악 퍼포먼스팀의 웅장한 북소리가 산사에 울려 퍼졌다. 굵직한 리듬이 청중의 가슴을 두드리며 묵은 피로와 걱정, 슬픔을 단숨에 쓸어내렸다. 사람들은 낯선 얼굴임에도 서로 미소 짓고 눈빛을 나누며 하나가 되었다. 음악은 언제나 그렇듯 서로의 마음을 여는 가장 순수한 언어였다.

비록 완벽하지 않은 음향 속에서도 공연은 무사히 끝났다. 사람들의 박수가 산사를 가득 채웠고, 그 순간 나는 깨달았다. 무대 위의 화려함만으로는 공연이 완성되지 않는다는 것을. 그 뒤편에서 소리와 빛을 다루는 무대팀의 숨은 예술, 그들의 땀과 집중이야말로 진정한 음악의 일부였다.

공연이 끝나고 텅 빈 무대를 바라보는데 문득 오랜 동료 유 감독의 묵직한 미소가 떠올랐다. 그의 손끝에서 피어나던 소리처럼 오늘의 무대도 그렇게 조용히 마음속에 남았다. 음악이 멈춘 자리에는 깊은 울림이 오래도록 머물렀다.

 QR 코드로 음악 감상하기

 **타악 퍼포먼스 – 대북 타악**
연주: 런

출처 : ㈜더플레이 크리에이티브

07
——
비전 콘서트

'청소년과 함께하는 김숙진의 이야기가 있는 콘서트'를 진행하면서, 나는 학교의 진로 교육이 예전보다 훨씬 체계적으로 변화하고 있음을 느꼈다. 불과 십여 년 전만 해도 많은 학생이 자신이 무엇을 좋아하는지, 무엇을 잘하는지조차 모른 채 수능 점수에 맞춰 대학에 진학하곤 했다. 대학에 들어가서야 적성에 맞지 않아 길을 돌이키는 학생들을 보며, 그것은 단지 개인의 문제가 아니라 사회 전체의 손실이라는 생각이 들었다.

그런 고민 끝에 나는 전문가와 뜻을 모아 작은 거실을 무대로 '비전 콘서트'라는 프로그램을 시작했다. 청소년들이 스스로 꿈과 진로를 탐색하도록 돕는 4주간의 여정이었고, 마지막 주에는 부모님과 교육계 관계자, 지역 인사들을 모시고 학생들이 찾은 비전과 목표를 직접 발표했다. 음악과 이야기가 함께 흐르는 그 공간은 어느 무대보다 진심이 깃든 공연장이었다.

오프닝은 언제나 그렇듯 음악으로 문을 열었다. 그중에서도 9회차 비전 콘서트는 지금도 내 마음에 선명히 남아 있다. 피아노의 맑은 건반 소리에 해금이 부드럽게 얹히고, 이내 카운터테너의 노래가 공기를 가르며 울려 퍼졌다. 변성기를 지난 남성이 가성으로 소프라노의 음역을 넘나드는 그 목소리는 마치 하늘에서 흘러내린 빛처럼 신비로웠다. 청중 40여 명은 숨소리조차 멈추고 그 소리에 귀를 기울였다.

잠시, 카운터테너 이야기를 해보자. 16세기에는 여성이 교회에서 노래하는 것이 금지되던 시절이 있었다. 그 공백을 대신 메운 이들이 바로 카스트라토와 보이 소프라노였다. 이탈리아 바로크 시대에는 소년들의 목소리를 영원히 간직하기 위해 그들을 거세시키는 비극이 이어졌다. 궁정의 음악은 찬란했지만, 그 노래 뒤에는 인간의 눈물이 있었다. 1903년 교황 피우스 10세가 이를 공식적으로 금하면서 그 시대는 막을 내렸다. 대신 오늘날에는 남성 성악가가 훈련을 통해 가성으로 소프라노의 음역을 넘나드는 카운터테너가 그 자리를 이어가고 있다.

그날 그가 부른 곡은 드라마 **명성황후의 OST, 조수미의 '나가거든'**이었다.
"나 슬퍼도 살아야 하네, 나 슬퍼서 살아야 하네.
이 삶이 다하고 나야 알 텐데, 내가 이 세상을 다녀간 이유."

절망 속에서도 삶을 놓지 않겠다는 그 노래는 작은 공간의 공기를 떨리게 했다. 청중은 서로의 숨결까지 느낄 만큼 가까운 자리에서 진심으로 음악을 들었다. 거대한 콘서트홀보다 훨씬 깊고 순수한 감동이 거실을 가득 채웠다. 음악은 사람과 사람을 하나로 묶었고, 그날의 진동은 오래도록 가슴에 남았다.

이어진 순서는 학생들의 '비전 선포' 시간이었다. 외국 항공사 승무원이 되고 싶다는 학생, 심리학을 전공해 방송국 PD가 되고 싶다는 학생, 언젠가 여성 대통령이 되고 싶다는 학생. 그들은 또박또박 자신의 꿈을 달했고, 그 말은 아직 완성되지 않은 미래의 씨앗처럼 반짝였다. 듣는 이들의 마음에도 잔잔한 감동의 물결이 번졌다.

그리고 짧지만 깊은 울림을 전하는 '인생을 바꾸는 5분, 인바오(in-BAO)' 시간이 이어졌다. 교장 선생님, 대기업 대표, 학부모 대표가 각자의 인생에서 길어 올린 지혜를 학생들에게 전했다. 그 목소리 하나하나가 따뜻한 등불처럼 마음속에 켜졌다. 그날의 수료식은 KBS1 라디오의 취재로 이어지며 더욱 빛났다.

비전 콘서트는 곧 입소문을 타고 강남 학부모들의 문의로 이어졌으며, 이후 국제청소년교류센터와 고양시 여러 중·고등학교에서도 운영되었다. 함께 기획하고 이끌어준 한상훈 선생님과 조관근 박사께 이 글을 빌려 진심으로 감사의 마음을 전한다.

　무엇보다 값진 것은 학생들이 스스로 자신을 들여다보며, "나는 무엇을 좋아하는가, 나는 어떤 사람이 되고 싶은가"를 묻는 시간이었다는 점이다. 그 길을 응원하기 위해 지역 공동체가 힘을 모았고, 작은 음악회가 그 꿈의 시작을 열었다. 그날의 경험은 지금의 나를, 그리고 공연기획자로서의 내 길을 단단히 세워 준 가장 값진 밑거름이 되었다.

 QR 코드로 음악 감상하기

 **드라마 명성황후 OST – 「나가거든」**
노래: 조수미

출처 : 유튜브 Alan Kim

08

전국의 국립공원을 돌며

나른한 봄날, 나무 그늘에 앉아 음악을 들었다. 세상과 나 사이에는 오직 바람과 선율만이 흐르고, 마음은 오랜만에 고요와 여유를 되찾았다. 그 순간 문득 이런 생각이 스쳤다. '아름다운 자연 속에서 음악을 듣는다면, 지친 현대인의 마음이 훨씬 더 깊이 치유되지 않을까?'

그 생각이 씨앗이 되어 **'김숙진의 힐링 콘서트'**가 탄생했다. 국립공원의 숲과 계곡, 산과 바람을 배경으로 펼쳐진 이 무대는 단순한 공연이 아니라, 자연과 사람, 그리고 음악이 어우러지는 하나의 치유의 예술이었다. 음악은 나무 사이로 스며들었고, 관객의 숨결은 바람을 따라 흘렀다.

첫 공연을 여는 마음은 간절했다. 지치고 힘든 이들이 음악 속에서 회복하고 다시 살아갈 힘을 얻기를 바라며, 나는 전국의 국립공원을 찾아다녔다. 캠핑객과 등산객뿐 아니라 문화의 기회를 쉽게 누리지 못한 이웃들에게도 음악을 전하고 싶었다. 그렇게 사람들과 자연 속에서 호흡하며, '김숙진의 힐링 콘서트'는 어느새 많은 이들의 마음에 잔잔한 울림을 남기게 되었다.

　국립공원 자문위원으로 활동하면서, 나는 국립공원관리공단이 자연을 지키고 국민의 정서를 위해 얼마나 깊은 고민과 노력을 기울이는지를 가까이에서 보았다. 공단은 이러한 공로를 인정받아 대통령상과 문화융성상을 수상했다. 그 뜻깊은 과정에 함께할 수 있었다는 사실이 내겐 큰 보람이었다. 이후 그 성과를 기념해 '김숙진의 힐링 스페셜' CD도 제작되었다.

　그 첫 곡은 서울대학교 선배인 이경선 교수의 바이올린 연주로 담은 **쇼팽의 「녹턴 20번 다단조」**였다. 원래 피아노를 위해 쓰인 이 곡은, 바이올린의 숨결을 만나 전혀 다른 빛을 발했다. 피아노의 여린 음색이 깊은 밤의 독백처럼 고요하다면, 바이올린의 선율은 그 독백에 피부로 느껴지는 온기와 인간의 숨결을 더했다. 서두의 부드러운 선율은 달빛 아래 흩날리는 고백처럼 조심스럽게 흘러가다가, 중간부로 갈수록 감정의 결이 짙어진다. 사랑과 그리움, 회한과 열망이 교차하는 그 복합적인 정서 속에서 연주는 점점 뜨거워진다. 그러나 쇼팽의 음악은 결코 절규로 끝나지 않는다. 그는 언제나 고통 속에서도 품격을 잃지 않는다. 슬픔을 품은 품위, 절제 속의 열정, 그것이 바로 「녹턴 20번」이 지닌 진정한 아름다움이다.

이경선 교수의 연주는 그 미묘한 감정의 흐름을 완벽히 담아냈다. 활 끝에서 스치는 소리는 한숨 같기도 하고, 기도 같기도 했다. 마지막 음이 공기 속에 사라질 때, 듣는 이는 마치 오랜 여행을 다녀온 듯한 여운에 젖는다. 어둠 속에서도 빛을 잃지 않으려는 인간의 의지가 그 선율 속에 담겨 있었기 때문이다.

오랜만에 다시 그 음악을 들으니, 마치 영화처럼 그때의 숲과 바람, 그리고 무대 위의 장면이 되살아난다. 관객의 눈빛, 나뭇잎 사이로 스며들던 저녁 햇살, 그리고 한 곡이 끝난 뒤의 고요한 숨결까지. 자연 속에서 흐르던 음악이 내 삶을 채웠듯, 그날의 기억 또한 여전히 내 마음 깊이 흐르고 있다.

 **QR 코드로 음악 감상하기**

 **쇼팽 – 녹턴 20번 다단조**
연주: 정경화

출처 : 유튜브 포항국제음악제

09
공연 기획자란

공연이 끝나고 나면 종종 허탈감에 휘청거릴 때가 있다. 온 마음을 다해 준비했는데 객석이 휑하니 비어 있는 걸 보면 '도대체 왜 이 일을 하는 걸까' 하는 깊은 회의감에 빠지기도 한다. 그럼에도 공연을 멈출 수 없는 것은 무대가 가진 묘한 중독성과 찰나의 강렬한 매혹 때문일 것이다.

함께 공연하는 연주자들은 대개 예민하고 섬세하다. 그들의 마음 결을 누구보다 먼저 읽어내고, 불편한 기색을 놓치지 않으며 공감하는 일은 쉽지 않다. 그러나 그 눈빛을 알아채고 곁을 지켜줄 때, 연주자와 기획자 사이에는 말 없는 신뢰와 온기가 자라난다.

가끔 공연 기획에 관심을 품은 대학생이나 청년들이 아름아름 찾아온다. 두 눈을 반짝이며 "저도 그런 일을 하고 싶어요"라고 말할 때면 나는 잠시 말을 아낀다. 공연 기획이 단지 멋지고 화려한 일이라고 쉽게 말해 줄 수 없기 때문이다. 무대 뒤의 현실은 관객이 바라보는 조명만큼 빛나지 않는다. 멋지게 시작했다가 금세 지쳐 그만두는 이들을 숱하게 보았다.

기획자가 되려면 무엇보다 음악에 대한 깊은 이해와 연주자를 향한 존중이 필요하다. 음악을 사랑하지 않으면 예민한 예술가들과 진심으로 소통하기 어렵다. 또한 이 일은 책상 앞에서 머리로만 하는 일이 아니다. 무대 설치부터 홍보, 리허설까지 온몸으로 뛰어야 하며, 밤새 현장을 지키는 날도 많다. 체력은 기본이고, 밝고 긍정적인 성격이 무엇보다 중요하다.

무엇을 기획하든 그 중심에는 늘 관객이 있다. 관객이 무엇을 보고 싶어 하는지, 무엇이 마음을 움직일지를 먼저 생각한다. 공연마다 사람들이 '보고 싶다'는 마음이 들도록 포스터 한 장, 카피 문구 한 줄에도 심혈을 기울인다. 그래서인지 디자인 작업이 끝날 때면 늘 작은 설렘과 두근거림이 찾아온다.

공연 준비로 에너지가 바닥날 즈음이면 떠오르는 곡이 있다. **베토벤 피아노 소나타 제23번 「열정」**이다. 언제 들어도 뜨겁고 격렬하지만, 그 속에는 흔들림 없는 구조미와 강인한 정신이 숨 쉬고 있다. 청각을 잃어가던 절망 속에서도 삶을 포기하지 않고 남긴 불멸의 걸작이다.

어느 날, 피아니스트 손민수의 연주로 이 곡을 들은 적이 있다. 그의 피아노 소리는 닮고 투명해 아름다움의 끝자락을 건드린다.

음 하나하나가 물결처럼 번지며 마음의 탁함을 걷어낸다. 그 선율에 몸을 맡기다 보면 지쳐 있던 마음이 어느새 바람처럼 가벼워지고, 다시 살아 있는 듯한 희망이 피어난다.

공연기획자의 길은 때로는 외롭고 고된 여정이지만, 음악이 전하는 위로와 다시 맞이할 무대를 위해 멈출 수 없다. 공연은 나를 지치게도 하지만 동시에 다시 살아 숨 쉬게 하는 힘이기도 하다. 그래서 나는 오늘도 또 하나의 무대를 향해 걷는다.

QR 코드로 음악 감상하기

베토벤 – 피아노 소나타 제23번 「열정」
연주: 손민수

출처 : 유튜브 Minsoo Sohn

10

다시 선 무대

    교통사고 이후 이어진 긴 치료와 고통은 내 삶에 깊은 공백을 남겼다. 설상가상으로 코로나19가 닥치며 모든 공연이 취소되자 세상은 한순간에 암흑의 장막을 드리운 듯했다. 이동 중 차창 밖으로 공연장이 스쳐 지나갈 때면 '다시 무대에 설 수 있을까?' 하는 물음이 눈물로 번져 올라왔다. 우연히 마주한 옛 공연 영상이나 포스터 속의 나는 낯설기만 했다. "내가 이런 일을 했었구나." 믿기 어려울 만큼 먼 이야기처럼 느껴졌다.

    팬데믹의 길고 적막한 시간 속에서 친한 개그맨이 "사회 본 게 언제였는지도 기억이 안 나네."라며 던진 농담이 오래 마음에 남았다. 청중과 호흡하며 감동과 웃음을 나누던 순간들이 점점 희미해지고, 내 삶은 공허한 회색빛으로 물들어 갔다. 그럼에도 시간은 천천히 나를 회복의 길로 이끌었다. 통증이 몰려올 때마다 '오늘 하루 잘 먹고 잘 자면 그걸로 됐어.'라고 스스로를 다독였다. 그러던 어느 날, 가슴 깊은 곳에서 오랜만의 떨림이 일었다. 멈춰 있던 글쓰기를 다시 시작하자 삶이 서서히 제 색을 되찾기 시작했다.

그 무렵, 오랜 꿈이 손짓하듯 공연 제안이 찾아왔다. 겉으로는 담담한 척했지만 불규칙하게 뛰는 심장을 다독이며 마음속으로 조용히 속삭였다. '괜찮아, 다시 할 수 있어.' 4년 동안 전국을 돌며 이어졌던 '국립공원 힐링 콘서트' 이후 처음으로 새로운 무대를 준비했다. 그리고 마침내 고양문화재단 주최로 **'청소년들과 함께하는 김숙진의 이야기가 있는 콘서트'**라는 단독 공연이 확정되었다. 공연 당일, 고양아람누리 음악당 로비를 가득 메운 관객을 바라보며 나는 속으로 외쳤다. "공연, 대박이구나!"

무대 위에서 오랜만에 마주한 출연진들과 눈을 맞추는 순간, 설명할 수 없는 환희가 가슴 깊은 곳에서 솟구쳤다. 물론 무대를 책임져야 하는 긴장과 외로움은 여전했지만, 그것조차 오랜 기다림 끝에 찾아온 기쁨을 더욱 빛나게 하는 그림자였다. 그렇게 나는 다시 무대에 섰다. 그 순간은 단순한 복귀가 아니라, 멈춰 있던 내 삶이 다시 흐르기 시작했다는 확실한 증거였다.

김숙진과 함께하는 힐링 콘서트 – 한려해상에 물든 감동의 선율

음 악 은
마음깊이
흐 르 고

III

___

가을에 듣는
음악 이야기

01

클래식 음악, 정말 어려울까?

사람들은 종종 클래식 음악이 어렵다고 말한다. 어느 시대의 음악인지, 작곡가의 생애와 그가 곡을 쓸 당시의 마음, 그리고 시대적 배경까지 알아야 이해할 수 있다고 생각하기 때문이다. 물론 그런 지식은 음악을 더 깊이 음미하는 데 도움이 된다. 그러나 클래식을 사랑하기 위해 반드시 알아야 할 것은 단 하나, '**즐기며 듣는 마음**'이다. 마치 미술관에서 화려한 색채와 선의 흐름을 그저 눈으로 느끼듯, 음악도 마음이 반응하는 대로 받아들이면 된다. 책을 여러 번 읽을 때마다 새로운 의미가 발견되듯, 음악 역시 들을 때마다 다르게 다가올 수 있다. 다른 이의 감상평 속에 자신을 가두지 말자. 그보다는 음악이 당신 안에서 일으키는 감정의 울림이 더 중요하다. 클래식은 어렵지 않다. 다만 아직 조금 낯설 뿐이다.

만약 클래식을 듣다 지루함을 느낀다면 끝까지 들을 필요는 없다. 가요를 듣다가 마음에 들지 않으면 다른 곡으로 넘기듯, 클래식도 그렇게 가볍게 접근하면 된다. 처음에는 긴 교향곡보다 익숙한 선율이 담긴 짧은 악장을 추천한다. 예를 들어 베토벤 교향곡 제5번의 1악장을 들어보면 누구나 한 번쯤 들어본 선율이 귀에 들어올 것이다. 그렇게 자연스럽게 2악장, 3악장으로 이어지는 동안 어느새 당신의 마음은 한 편의 드라마를 따라가고 있을 것이다. 그 과정에서 곡의 해설을 읽어본다면 음악의 세계는 훨씬 더 풍성하게 펼쳐진다.

이 여정은 한 권의 책을 읽고 그 작가의 다른 작품을 찾아보는 일과 닮아 있다. 하나의 곡에서 출발해 그 작곡가의 또 다른 작품으로, 그리고 다른 시대의 음악으로 이어지다 보면 클래식은 어느새 낯선 장르가 아닌, 오래 알고 지낸 친구처럼 곁에 머물게 된다.

음악회를 찾아가 직접 연주를 듣는다면 더 없이 좋겠지만, 그렇지 않더라도 클래식을 즐길 방법은 많다. **KBS 클래식 FM(93.1MHz)**에서는 전문 해설과 함께 흘러나오는 음악이 이해를 돕고, 때로는 실황 공연의 감동을 그대로 전해준다. 유튜브에는 각자의 취향에 맞춘 수많은 연주 영상이 있다. 취향에 맞는 음악을 발견하는 순간, 당신의 하루는 조금 더 풍요로워진다.

나는 결코 "클래식만 들어야 한다"고 말하지 않는다. 오히려 익숙한 음악 사이에 클래식 한 곡을 살짝 섞어 보길 권한다. 그 순간 당신의 일상은 한층 더 깊고 따뜻한 배경음악으로 물든다.

또한 음악 동아리나 합창단, 오케스트라, 교회 성가대 활동은 클래식에 자연스럽게 다가가는 또 다른 길이다. 음악심리학자 돈 캠벨은 "합창과 오케스트라 활동은 개인의 성장을 돕고, 공동체 속에서 조화를 이루는 훌륭한 방법"이라고 했다. 함께 소리를 내는 순간 음악은 단순한 취미가 아니라 삶의 일부로 녹아든다. 외로움에 지친 이들에게 음악은 언제나 가장 따뜻한 동반자다.

지금 라디오에서는 **차이콥스키**의 「**피아노 협주곡 1번**」이 흐르고 있다. 그의 세 개의 협주곡 중에서도 가장 널리 사랑받는 이 작품은 러시아의 정서와 슬라브적 색채를 진하게 품고 있다. 1악장은 호른의 장엄한 팡파르로 문을 열고, 피아노의 화려한 화음과 현악기의 선율이 서로를 끌어안으며 감정의 절정을 만든다. 2악장은 플루트의 따뜻한 독주로 시작해 포근한 정서를 전하고, 3악장은 피아노와 바이올린이 노래하듯 주고받으며 생기 넘치는 마무리를 짓는다.

우리나라 사람들이 차이콥스키를 유독 사랑하는 것은 어쩌면 당연한 일이다. 섬세한 감성과 폭발적인 열정, 그 사이의 간극에서 피어나는 정서가 한국인의 마음과 닮아 있기 때문이다. 오랜 세월 동안 조용하던 러시아의 음악사 속에 차이콥스키가 등장하자, 거대한 대지 위에 마침내 예술의 꽃이 피어났다.

오늘 라디오에서 흘러나오는 연주는 카라얀이 지휘하는 베를린 필하모닉, 그리고 **피아니스트 예프게니 키신**의 협연이다. 정제된 구조 속에서도 넘치는 에너지가 흐르는 완벽에 가까운 연주다. 키신이 세계 무대의 중심에 선 것도 바로 이 협주곡 덕분이었다. 그의 연주는 언제나 청중에게 감동을 보장하는 하나의 약속 같다.

클래식 음악은 결코 어렵지 않다. 잠시 귀를 기울이고 마음을 열면 음악은 조용히 당신 곁으로 다가와 속삭인다. 낯설던 선율이 익숙한 숨결처럼 스며들고, 지친 하루의 마음을 부드럽게 감싸 주는 가장 따뜻한 위로가 된다.

QR 코드로 음악 감상하기

차이콥스키 – 피아노 협주곡 1번

지휘; 카라얀

연주: 키신

출처 : 유튜브 Beautiful Truth Zen

02

음악회 가는 날에는

음악회가 있는 날이면 아침부터 마음이 설렌다. 옷장을 열어 한참을 망설이다가 오늘은 차분한 정장을 고른다. 요즘의 연주자들은 화려한 드레스나 턱시도 대신 담백한 정장 차림으로 무대에 오르는 경우가 많다. 겉모습의 장식보다 음악 그 자체에 집중하려는 태도가 오히려 더 빛나 보인다.

조금 일찍 집을 나섰더니 생각보다 여유 있게 도착했다. 공연장 근처의 작은 카페에서 지인과 따뜻한 식사를 나누며 오늘의 프로그램 이야기를 꽃피운다. 창밖으로 해가 저물고 공연장 불빛이 하나둘 켜질수록 마음속에는 알 수 없는 떨림이 고요히 피어난다.

자리로 들어서며 습관처럼 프로그램 북을 펼친다. 오늘의 지휘자와 연주자, 그리고 곡목을 천천히 훑어보며 머릿속으로 이미 첫 선율을 그려본다. 고개를 들어 바라본 무대 위에는 조명 아래 반짝이는 팀파니와 하프가 고요히 서 있다. 아직 아무 소리도 들리지 않지만, 그 정적 속에서도 이미 음악이 흐르고 있는 듯하다.

잠시 후 단원들이 하나둘 무대로 나와 자리를 잡는다. 악장의 손짓에 따라 오보에가 조용히 '라'음을 내고, 각 악기가 그 음에 화답한다. 그 순간은 언제나 설렘으로 가득하다. 아직 시작되지 않은 음악이지만, 그 조율의 시간마저 하나의 서곡처럼 느껴진다. 이윽고 지휘자가 등장한다. 검은 연미복의 자락이 살짝 흔들리고, 객석은 단숨에 숨을 죽인다. 지휘봉이 공기를 가르는 찰나, 모든 것이 음악이 된다.

그러나 공연장에도 때로는 작은 불협화음이 스며든다. 뜻밖의 기침 소리나 포장지를 여는 미세한 소음이 흐름을 깨뜨릴 때도 있다. 음악회는 청중이 함께 만들어가는 예술이다. 연주자의 손끝과 관객의 숨결이 맞물릴 때 비로소 완전해진다. 그래서 관객이 지켜야 할 가장 큰 예의는 음악에 온전히 몰입하는 마음 그 자체다.

연주가 끝나면 터져 나오는 박수갈채 속에서 무대의 열기가 다시금 살아난다. 그러나 박수에도 리듬이 있다. 교향곡이나 협주곡처럼 여러 악장으로 이루어진 작품은 전곡이 끝난 뒤 치는 것이 원칙이다. 반면 오페라나 발레, 성악 무대에서는 감동이 밀려올 때마다 자유롭게 박수를 보낼 수 있다. 혹시 타이밍이 어긋나 일찍 박수를 쳤다 해도 부끄러워할 필요는 없다. 중요한 것은 형식이 아니라 진심에서 우러난 감동의 표현기기 때문이다.

모든 연주가 끝나면 사람들은 분주히 공연장을 빠져나간다. 교통과 주차, 혹은 막차 시간 때문일 것이다. 그러나 나는 늘 그 자리에 조금 더 머문다. 무대의 여운이 완전히 가라앉기 전까지, 방금 전의 울림을 내 마음속에 천천히 적신다. 로비에서 연주자와 짧은 인사를 나누고 사진 한 장 남기면, 그 순간은 또 하나의 추억이 된다.

공연장의 불빛이 하나둘 꺼져가도 내 안의 무대는 여전히 환하다. 오늘 들은 음악은 작은 강물처럼 마음 깊은 곳으로 흘러들어, 내일의 하루를 다시 적셔줄 것이다. 음악이 흐르는 한, 삶은 언제나 무대 위에 있다.

03

예술을 하는 사람들

예술을 하는 사람은 세상의 틀에 갇히는 것을 본능적으로 거부한다. 기존의 사고방식에서 한 걸음 물러나 **자신만의 시선**으로 세상을 바라보고, 그 시선의 색으로 작품을 빚어낸다. 그들의 창조는 화려한 무대보다 조용한 내면의 고요 속에서 피어난다. 깊은 사유와 감정이 예술의 씨앗이 되어, 마침내 세상에 없던 하나의 빛으로 피어오른다.

예술가에게는 **절대적인 고독**이 필요하다. 아무도 방해하지 않는 시간, 오직 자신과 마주하는 공간 속에서만 영감의 숨결이 깃든다. 때로는 가족의 웃음조차 집중을 흩트릴 만큼 예민한 순간이 있다. 그래서 예술가는 스스로를 고요한 방 안에 가둔다. 책장을 넘기고, 글을 쓰고, 무대를 구상하는 그 시간 속에서 세상은 희미해지고, 오직 내면의 울림만이 선명해진다.

사람들과의 가벼운 대화조차 때로는 마음의 에너지를 빼앗는다. 특히 무심한 말 한마디, 가시 돋친 비평은 공연을 앞둔 예술가의 정신을 무너뜨리기도 한다. 그 한마디는 수많은 리허설보다 더 깊은 피로를 남긴다.

어릴 적 한 친구가 내게 물었다. "너는 심장이 두 개니? 작은 일에도 그렇게 기뻐하고, 또 쉽게 슬퍼하네." 예술가의 마음은 감정의 폭이 넓다. 무대가 다가오면 온몸의 에너지가 불타오르고, 막이 내린 뒤에는 거대한 공허가 밀려온다. 그러나 그 허무를 견디며 다시 빛을 찾아가는 과정, 그것이 예술가의 숙명이다.

창작은 마음의 힘만으로 완성되지 않는다. 건강한 몸이 뒷받침되지 않으면 영감은 오래 머물지 않는다. 삶 속의 사랑과 기쁨, 상실과 절망, 그 모든 감정이 작품의 재료가 된다. 기쁨은 선율을 환하게 물들이고, 슬픔은 그 안에 깊이를 더한다.

그러나 모든 열정이 소진되고 마음이 무너질 때면, 나는 조용히 자연으로 향한다. 바람의 결, 나무의 숨결, 계절의 빛깔은 언제나 나를 품에 안으며 말없이 위로한다. 숲의 소리와 하늘의 빛 속에서 마음이 맑아지면, 불현듯 새로운 영감이 다시 찾아온다.

예술가는 결국 고요와 격정을 동시에 품은 존재다. 그 길은 외로움으로 시작되지만, 세상과 가장 깊이 만나는 길이기도 하다. 창작의 고통 속에서도 다시 펜을 들고, 악기를 잡고, 무대를 향하는 이유는 단 하나, 세상의 모든 감정을 음악처럼, 빛처럼 전하고 싶기 때문이다.

04

한국의 '엘 시스테마'

음악이 세상을 바꿀 수 있다는 믿음이 현실이 된 이야기가 있다. 베네수엘라의 빈민가에서 시작된 **'엘 시스테마(El Sistema)'**. 가난과 폭력 속에서 자라던 아이들이 악기를 손에 쥐는 순간, 그들의 삶은 완전히 달라졌다. 무대 위에서 그들은 더 이상 소외된 존재가 아니었다. 음악을 통해 스스로의 가치를 깨닫고, 세상을 향해 당당히 목소리를 내는 주인공으로 거듭났다. 그렇게 음악은 꿈이 되었고, 그 꿈은 한 나라의 자존심이 되었다.

나는 뜻밖에 한국의 '엘 시스테마'를 만난 적이 있다. 아들과 딸이 다니던 중학교에서 운영위원장으로 봉사하던 시절이었다. 그곳에는 기적을 만들어가는 아이들과 한 명의 교사가 있었다. 이름하여 '신일 윈드오케스트라'. 겉보기엔 평범한 음악 동아리였지만, 그 안에서 피어난 변화는 결코 평범하지 않았다.

수업 시간마다 엎드려 잠만 자던 아이들, 학교 담을 넘나들며 방황하던 아이들이 악기를 잡는 순간부터 조금씩 달라지기 시작했다. 작은 **'도레미파솔라시도'**의 울림이 그들의 마음속 잠든 열정을 깨웠다. 남보다 한 시간 먼저 등교해 연습하고, 수업이 끝난 뒤에도 서로 모여 합주를 이어갔다. 그렇게 일 년이 채 지나지 않아 아이들은 오케스트라의 단원으로 무대에 섰다.

그 모든 기적의 중심에는 열정으로 가득한 한 교사, 마상학 선생님이 있었다. "음악은 삶이 되고, 삶은 음악이 된다."는 그의 신념 아래, 아이들은 단순히 악기를 배우는 것이 아니라 스스로를 믿는 법을 배웠다. 무대 위의 박수와 환호 속에서 아이들은 처음으로 자신이 빛나는 존재임을 느꼈다. 학교에서 늘 주변부에 머물던 아이들이 음악을 통해 공동체의 중심으로 들어온 것이다.

시간이 흐르며 오케스트라는 점점 성장했다. 전국 대회에서 최우수상을 수상하고, 해외 무대의 초청을 받는 영광도 누렸다. 지역 축제와 학교 행사에서의 연주는 모두에게 감동을 주었고, 아이들은 협력과 창의의 기쁨을 배웠다. 그 과정에서 예술고와 음대로 진학하는 학생이 늘어났고, 유학의 꿈을 이룬 학생도 있었다. 어떤 제자는 훗날 음악 교사가 되어 모교로 돌아와 후배들의 꿈을 이어주었다.

정기연주회는 그 모든 노력의 결실을 확인하는 축제의 자리였다. 고양아람누리 음악당에서 열린 공연에서, 졸업생 김자윤이 협연한 **비토리오 몬티**의 「**차르다시**(Czardas)」는 지금도 잊히지 않는다. 느리고 비장한 선율로 시작해 폭풍처럼 몰아치는 리듬으로 이어지는 그 곡에서, 그녀는 바이올린으로 집시들의 설움과 희열을 진심으로 그려냈다. 그 무대는 단순한 음악회가 아니라 꿈이 현실이 되는 순간이었다.

나는 간절히 바란다. 이런 한국의 '엘 시스테마'가 전국 곳곳에서 더 많이 피어나길. 아이들의 웃음과 음악이 어우러져 울려 퍼질 때, 학교는 변하고 마을이 변하며, 결국 이 나라 전체가 희망의 선율로 채워질 것이다. 음악은 아이들의 미래를 열고, 그들의 삶을 노래로 바꾸는 가장 아름다운 힘이기 때문이다.

 QR 코드로 음악 감상하기

 **몬트-**「**차르다시**」

연주: 네마나 라둘로비치

출처 : 유튜브 Classical HD Live

05

꼭 유학해야 하나?

연말의 도로는 유난히 붐볐다. 약속 시간에 늦지 않으려 서둘러 나섰지만 차는 좀처럼 앞으로 나아가지 않았다. 가까스로 도착해 차를 세우고 내리니, 매서운 겨울바람이 코끝을 찔렀다. 거친 숨을 고르며 카페 문을 열고 들어서자, 최 대표는 이미 따뜻한 커피를 앞에 두고 나를 기다리고 있었다. 반가운 인사를 나누며 오랜만의 담소가 이어졌다.

그런데 그가 문득 이런 질문을 던졌다.
"음대생들은 왜 외화를 낭비하면서까지 유학을 가나요?"
잠시 말을 고르다 적당히 웃으며 대답했다.
"갈 수만 있다면, 서양음악의 본고장에서 배우는 건 좋은 경험이죠."
그러나 그 말은 나 자신에게도 충분한 답이 되지 않았다. 돌아오는 길 내내 그 질문이 머릿속을 맴돌았다.

우리 세대에게 '유학'이란 단순한 선택이 아니었다. 엄청난 비용은 물론, 길게는 십 년 가까운 시간을 외로이 견뎌야 했다. 낯선 땅에서 언어의 벽과 문화의 차이를 버텨야 했고, 그렇게 청춘을 다 바쳐 공부해도 돌아와 맞이한 현실은 냉혹했다. 값비싼 희생에 비해 돌아오는 보상은 언제나 초라했다.

다음 날, 서울대학교 음악대학 교수로 재직하다 지금은 미국에서 활동 중인 이경선 선배에게 전화를 걸었다. 그녀의 대답은 단순했지만 마음을 울렸다.

"외국인이 국악을 배우려면 한국에 와야 하잖아요. 우리가 서양 음악을 한다면, 그들의 땅에서 직접 경험해 보는 것도 분명 큰 도움이 되죠."

잠시 숨을 고르고 그녀는 덧붙였다.

"예전에는 석·박사 전 과정을 외국에서 밟아야 했지만, 이제는 달라요. 학부는 한국에서, 석사는 유학으로, 박사는 다시 국내에서 이어가는 학생이 많아요. 기간이 짧아지니 부담도 덜하고, 인생의 선택도 훨씬 유연해졌죠."

돌이켜보면 지금의 한국은 더 이상 배움을 위해 국경을 넘어야만 하는 시대가 아니다. 훌륭한 교수진과 탄탄한 교육 환경이 이미 우리 곁에 있다. 해외의 문화를 흡수하던 시절은 지나고, 이제는 우리의 무대에서 세계가 배우러 오는 시대가 열리고 있다.

이제는 유학을 가지 않아도 우리는 충분히 배울 수 있다. 더 이상 '어디서 배우느냐'가 아니라 '어떻게 배우느냐'가 중요하다. 언젠가 한국에서 자란 음악가들이 세계 무대에서 당당히 빛나고, 외국의 젊은이들이 그들의 스승을 찾아 이 땅을 찾게 될 그날을, 나는 믿고 기다린다.

06
지휘자는 왜 필요한가?

사람들은 종종 장난삼아 지휘봉을 흔들며 지휘자의 흉내를 낸다. 그러나 그 단순한 손짓 속에 숨어 있는 세계를 아는 이는 많지 않다. 지휘자는 단순히 오케스트라를 통솔하는 사람이 아니라, 악보에 잠든 음악의 영혼을 깨우는 존재다.

지휘자의 손끝은 하나의 언어다. 오른손이 그리는 선율은 시간의 흐름을 새기고, 왼손은 감정의 결을 어루만진다. 때로는 눈빛으로, 때로는 미세한 표정 하나로 수십 명의 연주자를 하나로 묶는다. 그 손끝에서 음악은 단순한 음의 나열을 넘어, 살아 있는 생명으로 피어난다.

지휘자가 되기 위해서는 타고난 음악적 재능과 예술적 감각, 그리고 사람의 마음을 읽는 통찰이 필요하다. 악보 속 화성의 흐름과 악기의 음색을 꿰뚫는 청력, 수많은 단원을 이끌어 가는 리더십과 판단력도 필수다. 지휘자는 공연 전 작품의 템포와 해석을 정하며, 그 결정에 따라 곡의 성격이 완전히 달라진다. 그래서 같은 악보라도 지휘자에 따라 전혀 다른 숨결을 지닌다.

그들은 악보를 해석하고 음악적 방향을 세워 단원들과 함께 연습하며, 자신만의 세계를 구축한다. 때로는 새로운 단원을 선발하고, 공연의 방향을 기획하기도 한다. 지휘자는 연주자이자 기획자이며, 예술가이자 철학자다.

나의 대학 시절, 부천필하모닉 상임지휘자로 활약했던 임헌정 교수는 합주 시간마다 피아노를 직접 연주하며 악곡의 해석을 들려주셨다. 그의 손끝에서 총보의 수많은 음이 살아 움직일 때면, 마치 눈앞에서 음악의 구조가 숨을 쉬는 듯했다. 그 경험은 지휘란 단순한 기술이 아니라, 음악의 영혼과 교감하는 예술임을 깨닫게 했다.

지휘자가 처음부터 존재했던 것은 아니다. 바로크 시대에는 오케스트라의 규모가 작아 지휘자가 필요하지 않았다. 연주자들은 서로의 호흡과 시선을 맞추며 음악을 만들었다. 그러나 시대가 흐르며 악기의 수가 늘고, 곡의 구조가 복잡해지자 음악의 중심을 잡아 줄 한 사람이 필요해졌다. 그때부터 지휘자는 오케스트라의 심장으로 자리 잡았다.

흥미로운 것은 지휘자에 따라 오케스트라의 소리가 완전히 달라진다는 점이다. 손끝의 속도, 눈빛의 온도, 호흡의 길이에 따라 음색과 리듬이 달라진다. 숙련된 연주자들은 지휘자의 단 한 번의 시선만으로도 그 의도를 알아차린다. 그래서 지휘자는 음악의 건축가이자, 소리의 시인이라 불린다.

지휘자들이 유독 장수한다는 사실도 흥미롭다. 레오폴드 스트코프스키는 95세, 아르투로 토스카니니는 90세, 카라얀은 81세, 로린 마젤은 84세까지 지휘봉을 놓지 않았다. 의사들은 말한다. "지휘자의 동작은 심폐 기능을 강화하고 엔도르핀을 분비시켜 삶에 활력을 준다." 예술을 통한 정신적 충만감과 내면의 열정이 그들의 긴 생을 지탱한 것이다.

나 또한 한때 지휘대 위에 섰던 적이 있다. 백여 명의 합창단과 오케스트라를 이끌며 매일같이 연습하던 시간, 어깨는 뭉치고 목은 아팠지만, 단원들의 소리가 하나로 고여 거대한 파도로 밀려올 때의 전율은 지금도 잊히지 않는다. 비록 그 공연은 팬데믹으로 무산되었지만, 서랍 속에 잠든 내 지휘봉은 여전히 그날의 떨림을 간직하고 있다.

지휘는 단순히 음악을 움직이는 일이 아니다. 그것은 수많은 마음을 하나로 엮어 내는 예술이며, 인간의 내면을 울리는 깊은 대화다. 지휘봉 끝에서 피어오르는 선율은 연주자와 청중을 넘어 세상의 모든 마음속으로 이어진다. 그리고 그 순간, 음악은 생명이 되고, 지휘자는 그 생명을 숨 쉬게 하는 사람이다.

07

내 마음에 내린 함박눈

밤사이 세상이 고요한 눈의 나라로 변했다. 올겨울 유난히 눈 소식이 없어 아쉬웠는데, 그 마음이 모두 풀릴 만큼 하얀 눈이 아낌없이 내렸다. 창밖 풍경에 넋을 잃다 끝내 참지 못하고 문을 열고 나섰다. 눈 덮인 길 위에 발자국을 남기며 걷는 동안 마음은 세상과 하나가 된 듯 환해졌다. 순백의 이불은 온 대지를 푸근히 감싸 안았고, 나도 그 품에 기대어 잠시 잊었던 평온을 맛보았다. 동네를 한 바퀴 돌고 나니 차가운 바람이 뺨을 스치고 손끝이 시려왔다. 집으로 새어 나오는 불빛이 유난히 따뜻해 보였다. 나는 그 온기를 향해 조용히 걸음을 옮겼다.

이런 날에는 언제나 음악이 곁에 있다. 눈처럼 맑고 투명한 선율을 찾다가 **오펜바흐(Offenbach)**의 첼로 연주곡 「**자클린의 눈물**(Les larmes de Jacqueline)」과 「**하늘의 두 영혼**(Deux âmes au ciel)」을 골랐다. 오페라 「**호프만의 이야기**」로 널리 알려진 오펜바흐가 남긴 이 두 곡은 홀로 듣기 아쉬울 만큼 서정적이고 아름답다. 첼로의 깊은 울림이 눈송이처럼 가슴 위로 내려앉아 차가운 겨울 공기 속에서 마음을 조용히 흔들었다.

독일 쾰른에서 태어난 오펜바흐는 어린 시절 파리로 건너가 평생을 그곳에서 보냈다. 열세 살에 파리 음악원에 입학했으나 자유분방한 성격 탓에 규율에 맞지 않아 중도에 그만두고, 거리의 무대에서 연주하며 생계를 이어갔다. 첼리스트로서의 삶에 머물지 않고 작곡가로 나아갔지만, 오랫동안 실패와 좌절이 그를 따라다녔다. 그러나 그는 끝내 포기하지 않았다. **오페레타** 「**지옥의 오르페우스**」에서 터져 나온 해학과 생동감 넘치는 '**캉캉**' 선율은 대중의 마음을 단번에 사로잡았고, 오펜바흐는 마침내 이름을 떨쳤다. 하지만 미완성의 「호프만의 이야기」 리허설 도중 쓰러져 세상을 떠났고, 그의 동료 에르네스트 기로(Ernest Guiraud)가 남은 악보를 완성해 다음 해 초연했다.

파리에 처음 도착한 소년 오펜바흐는 낯선 도시의 추위 속에서도 음악으로 자신만의 온기를 피워냈다. 석양이 내리던 파리의 거리, 그 고독과 낭만이 「자클린의 눈물」과 「하늘의 두 영혼」 속에 고스란히 녹아 있다. 첼로의 선율은 마치 흰 눈처럼 천천히 스며들어 차갑지만 따뜻한 모순의 온도를 남긴다. 나는 그 소리를 끝까지 붙잡고 싶었다. 배고픔조차 잊을 만큼, 그날의 음악은 내 마음에 깊고 흰 눈으로 내려앉았다.

QR 코드로 음악 감상하기

 **오펜바흐– 첼로 연주곡 「자클린의 눈물」**

연주: 장한나

출처 : 유튜브 KBS 클래식 Classic

 **오펜 바흐– 첼로 연주곡 「하늘의 두 영혼」**

연주: 라파엘라 그롬스

출처 : 유튜브 Raphaela Gromes

08

고된 육신으로 노래하다

찬바람이 뼛속 깊이 스며드는 겨울날, 창밖을 바라보니 작은 새 한 마리가 거센 바람을 헤치며 힘겹게 날갯짓한다. 평소라면 창문을 열고 차가운 공기를 들이마셨겠지만, 오늘은 차가운 유리 앞에서 손끝이 잠시 멈춘다. 대신 따뜻한 커피잔을 두 손으로 감싸 쥐니 잔에서 피어오르는 향이 굳은 몸과 마음을 천천히 녹인다. 이런 날이면 어김없이 떠오르는 음악이 있다.

프란츠 슈베르트의 연가곡「겨울 나그네(1827)」.

시인 빌헬름 뮐러의 시에 곡을 붙인 24곡의 노래는 사랑의 상실과 고독을 겨울의 풍경 속에 섬세하게 새겨 넣었다. 네 해 전 작곡한 「아름다운 물방앗간의 아가씨」가 청춘의 설렘과 희망을 노래했다면, 「겨울 나그네」는 그 빛이 꺼진 자리에서 시작된다. 이름도 없이 떠도는 한 나그네의 여정은 결국 인간 존재의 덧없음과 내면의 외로움을 상징한다. 슈베르트는 그 길 위에 자신의 고통과 그림자를 담았고, 우리는 그 선율 속에서 눈발을 함께 헤매며 쓸쓸함 너머의 평화를 마주하게 된다. 세월이 흘러도 이 작품이 여전히 사랑받는 이유다.

수많은 명가수가 이 작품을 불렀지만, 그중에서도 **토마스 크바스토프**(Thomas Quasthoff)의 「겨울 나그네」는 단연 특별하다. 그는 1959년 독일에서 팔과 다리가 거의 없이 태어났다. 임산부 입덧 완화제였던 '탈리도마이드'의 부작용으로 전 세계 수천 명의 아이들이 기형으로 태어나던, 그 비극의 시대 한가운데 있었다. 그러나 세상의 연민보다 더 큰 것은 그의 부모가 보여준 사랑이었다. 포기하지 않은 헌신 속에서 그는 음악을 통해 삶을 배워 나갔다.

피아노를 치고 싶었지만 손이 닿지 않았다. 대신 그는 자신의 목소리를 악기로 삼았다. 대학에서는 법학을 공부했고, 한때 은행과 방송국에서도 일했지만, 마음속 깊은 곳에서 음악의 불씨는 꺼지지 않았다. 결국 그는 다시 무대로 향했다. 그의 목소리는 화려하지 않지만, 한 음 한 음이 삶의 진실을 품고 있다. 절제된 표현 속에 스며든 단단한 호흡, 그리고 고통을 품은 품격이 그의 노래를 더욱 빛나게 했다.

몸의 한계를 넘어선 그의 삶은 그 자체로 예술이었다.
불평 대신 노래를, 체념 대신 해석을, 절망 대신 위로를 택한 사람. 그는 결코 자신의 육신을 내세우지 않았다. 오히려 그 육신을 통해 세상에 인간의 존엄과 따뜻한 울림을 전했다. 눈보라 속을 묵묵히 걸어가는 나그네처럼, 그는 담담히 자신의 길을 걸으며 노래로 인간의 존엄을 증명했다.

 그의 목소리를 듣고 있으면 문득 깨닫게 된다.
 진정한 음악은 완벽한 신체에서가 아니라, 상처받은 영혼에서
흘러나온다는 것을.

QR 코드로 음악 감상하기

슈베르트 – 연가곡 「겨울 나그네」
노래: 토마스 크바스토프

출처 · 유튜브 On the wings df the song

09

한반도의 끝자락을 찾아가다

몇 해 전, 나는 통영국제음악당을 찾았다. 그곳에서 플로리안 라임(Florian Riem) 대표를 만났던 기억이 아직도 선명하다. 단정한 양복 차림에 고요한 미소, 조곤조곤 이어지는 말씨는 마치 오래전부터 알고 지낸 이웃처럼 친근했다.

라임의 안내를 따라 들어선 음악당은 고전적인 슈박스형 콘서트홀로, 따뜻한 나무의 결이 객석을 감싸 안고 있었다. 빈 무대 위에서 텅 빈 객석을 바라보니 묵직한 울림이 공간을 채웠다. 객석마다 고요히 깃든 긴장은 연주자의 숨결 하나에도 즉각 반응할 듯했고, 바다가 보이는 대기실은 그야말로 연주자에게 영감을 불러일으키는 완벽한 공간이었다.

바다와 함께 호흡하는 음악당이라니, 가슴이 저절로 벅차올랐다. 세계 어디에 내놓아도 손색없는 이 홀을 마주하며 한국인으로서의 자부심이 가슴 한켠에 따뜻이 번져왔다. `

식사 자리에서 라임은 통영이 일하기에도, 살기에도 더없이 좋은 곳이라며 미소를 지었다. 독일에서 첼로를 전공한 그는 미국과 일본을 거쳐 여러 나라의 음악당을 이끌었고, 통영에서는 외국인 대표로 드물게 연임까지 이어가고 있었다. 그의 담담한 목소리 속에 묻어나는 자신감은 통영이 세계로 나아갈 또 하나의 가능성을 품고 있음을 예고하는 듯했다.

동양의 나폴리라 불리는 통영에서는 매년 봄이면 **작곡가 윤이상**을 기리는 **통영국제음악제**가 열린다. 아시아에서 가장 주목받는 현대음악 축제로 자리 잡은 이 음악제 덕분에 우리는 낯설고 새로운 20세기와 21세기의 음악을 마음껏 경험할 수 있게 되었다.

통영에서 태어난 윤이상(1917~1995)은 어린 시절 오르간의 음색에 매혹되어 서양음악을 시작했다. 이후 일본에서 첼로와 작곡을 공부하고 귀국해 교사로 지내다가 다시 파리와 베를린으로 건너가 음악의 길을 이어갔다. 독일 정착 후 그는 유럽 여러 무대에서 이름을 알렸으나, 1967년 **'동백림 간첩단 사건'**으로 2년간 서대문교도소에 수감되는 고통을 겪었다. 다행히 독일 정부의 개입으로 석방된 그는 다시 베를린으로 돌아가 오랫동안 음악대학에서 정교수로 재직했다.

윤이상은 한국의 전통예술을 서양음악과 결합해 독창적인 음악

세계를 열었다. 피리는 오보에로, 해금은 바이올린으로, 가야금은 하프로, 대금은 플루트로 옮겨 심듯 그는 국악의 선율을 서양 악기로 새롭게 피워냈다. 그렇게 동양과 서양의 음악이 자연스럽게 교차하며 새로운 예술의 지평이 열렸다.

'동백림 사건'의 빌미가 되었던 유네스코 세계문화유산 강서대묘의 사신도를 보며 그는 어떤 영감을 받았을까. 윤이상은 오랜 구상 끝에 1968년 서대문 형무소에서 현악사중주곡 「이마주(Images)」를 완성했다. 그는 예술과 현실, 동양과 서양, 그리고 남과 북이 만나는 지점을 음악으로 잇고자 한 사람이었다.

그의 마지막 육성에는 그 모든 열망이 담겨 있다.
"저의 음악은 악을 배척하고 삶의 승리를 노래하며, 슬픈 사람들과 자리를 같이하고 인류 사회에 희망을 주고자 하는 의욕이 담겨 있습니다. 나의 고국의 형제자매 여러분, 부디 저의 음악을 통하여 위로와 용기를 얻으시고, 절실히 염원하는 민족의 평화와 화해가 하루빨리 실현되기를 바랍니다."

그로부터 40년이 흐른 뒤, 국가정보원은 윤이상이 간첩이 아니었다는 공식 발표를 내렸다. 그가 세상을 떠난 지 10년 만에 밝혀진 진실이었다. 윤이상은 동양의 전통에 갇히지 않았고, 그렇다고 서양음악에 종속되지도 않았다. 그는 두 세계의 경계를 자유롭게 넘나들며 새로운 음악의 가치를 창조했다. 그의 선율은 국경과 이념을 초월해 사람들의 마음속에 스며들었다.

사람들은 '아름다운 음악'이라 하면 익숙한 서양음악을 먼저 떠올린다. 그것은 오랜 시간 학교 교육을 통해 서양의 미적 기준을 자연스럽게 주입받았기 때문이다. 그러나 아이러니하게도 현대에 살면서도 우리는 현대음악을 들으면 '난해하다', '어렵다'고 말한다. 현대음악 공연장에는 늘 빈자리가 많다. 기업이나 공공기관의 지원 없이는 활동을 이어가기 어렵고, 작곡가들은 외롭고 고된 길 위에서도 예술적 신념을 지키려 노력한다.

현대음악은 즉각적인 '아름다움'을 주지 않지만, 시간이 흐를수록 그 낯선 소리 속에서 묘한 매력이 피어난다. 윤이상의 음악이 그러하다. 처음엔 낯설지만, 그 속에는 유연함과 진심이 숨어 있어 듣는 이를 서서히 설득하고 마음을 연다.

그의 「**두 대의 바이올린을 위한 소나타**」를 듣다 보면, 어둡고 힘든 시절에 어떻게 그런 따뜻한 선율이 가능했을까 놀라게 된다. 「**나의 땅, 나의 민족이여**」에서 마지막 작품 「**화염 속의 천사**」에 이르기까지 그의 음악은 오직 남북 분단의 극복과 평화를 향한 기도였다.

그는 끝내 조국의 땅을 밟지 못했다. 그러나 마음속에서는 수없이 통영의 바닷가를 거닐었을 것이다. 파도 소리와 바람결 속에서 어린 시절의 기억을 떠올리고, 그리움을 선율로 새겼으리라.

오늘 우리가 그의 음악을 듣는 것은 단지 한 작곡가를 기리기 위해서가 아니다. 그가 음악으로 전하려 했던 메시지, 우리가 지켜야 할 화해와 평화의 꿈을 되새기기 위해서다.

그의 음악은 여전히 묻는다.

"당신은 음악으로 무엇을 화해시키고, 무엇을 꿈꾸고 있습니까?"

📱 QR 코드로 음악 감상하기

윤이상, 현악사중주곡 '영상'

출처 : 유튜브 So Hyun Joey Park

윤이상, '나의 땅, 나의 민족이여'

출처 : 유튜브 rammain

윤이상 '화염 속의 천사'

출처 : 유튜브 민족성악

10

카라얀은 어떤 사람인가?

어린 시절, 내 방 한쪽 벽게는 눈을 지그시 감은 채 지휘봉을 든 **헤르베르트 폰 카라얀(1908~1989)**의 사진이 걸려 있었다. 조각처럼 정제된 얼굴, 반쯤 내려앉은 눈꺼풀, 손끝에 맺힌 정적. 그 고요 속에는 곧 터져 나올 장엄한 울림이 잠들어 있었다.

그는 타고난 절대음감을 지닌 신동이었다. 네 살에 피아노를 배우기 시작해, 1917년 잘츠부르크에서 피아니스트로 데뷔했다. 그러나 열아홉 살 무렵, 심한 건초염으로 손가락을 거의 쓰지 못하게 되자 연주의 길을 접고 지휘로 방향을 돌렸다. 삼촌 덕분에 무대 뒤편을 자유롭게 드나들며 수많은 리허설을 지켜본 그는, 악보를 통째로 외우고 몸으로 지휘를 익혔다. 그것은 누구에게도 배우지 않은, 오롯이 자신만의 방식이었다.

완벽을 향한 그의 집념은 강렬했다. 상반신의 유연성을 위해 요가로 몸을 단련했고, 눈을 감은 채 지휘하며 단원들의 집중을 끌어냈다. 무대 위에서 뿜어내던 절대적 권위는 사실 내성적인 성격을 숨긴 또 다른 가면이었다. 그러나 그의 생에는 지워지지 않는 그늘도 있었다. 나치당원 전력은 한동안 그의 지휘 인생에 무거운 족쇄로 남았다.

베를린 필하모닉의 상임지휘자였던 푸르트벵글러가 세상을 떠난 뒤, 단원들은 카라얀에게 지휘봉을 맡겼다. 그는 상임 대신 '종신직'을 요구했고, 그렇게 시작된 장기 집권은 30년에 가까웠다. 그 세월 동안 오케스트라와의 관계는 찬란함과 균열을 오갔다.

1940년대 후반, LP 시대가 열리자 많은 음악가가 녹음을 꺼렸지만, 카라얀은 이미 '미래의 청중'을 보고 있었다. 그는 EMI의 프로듀서 월터 래그와 손잡고 녹음에 몰두했다. 아날로그에서 디지털로, LP에서 CD로 넘어가는 세월의 다리를 누구보다 먼저 건너며 클래식이 극장에서 거실로 옮겨오는 시대를 열었다. 그의 이름은 하나의 브랜드가 되었고, 클래식의 대중화를 이끈 선구자가 되었다.

그러나 화려함 뒤에는 언제나 고독이 있었다. 단원들과의 갈등은 끝내 봉합되지 못했고, 마지막에는 심장마비로 쓰러지며 생을 마감했다. 무대의 빛이 사라진 자리에 남은 것은 명성보다 쓸쓸함이었다.

나는 가끔 **말러 교향곡 제9번**을 들으며 그의 말년을 떠올린다. '이별과 고독의 교향곡'이라 불리는 그 작품의 마지막 Adagio는 서서히 사라지는 선율 속이 인간의 순결한 정적을 남긴다. 음악이 잦아드는 그 순간, 나는 카라얀의 생애와 맞닿은 고독을 느낀다. 그것은 더 이상 카리스마의 얼굴이 아니라, 모든 걸 내려놓은 인간의 얼굴이다.

사진 속의 카라얀은 여전히 눈을 감고 있다. 그러나 어쩌면 그는 눈을 감은 채 세상의 모든 소리를 누구보다 치열하게 듣고 있었는지도 모른다. 그의 음악은 현실과 이상, 빛과 그늘을 함께 품은 채 오늘도 조용히 시작을 기다린다.

나는 숨을 고른다. 다시 시작될 그 한 박을 기다리며.

QR 코드로 음악 감상하기

말러 – 교향곡 9번

지휘: 카라얀

연주: 베를린 필하모닉 오케스트라

출처 : 유튜브 SuhPD_클래식 다리어리

11
네 개의 손을 위한 환상곡

이른 아침, 침대 밑에서 들려오는 강아지의 끙끙거림에 눈을 떴다. 아직 잠이 채 깨지 않은 몸을 이끌고 커튼을 젖히자, 오늘따라 햇살이 유난히 환하게 쏟아져 들어온다. 창문을 열어 공기를 들이마시니 한기가 스며들어 도톰한 숄을 어깨에 걸쳤다. 따뜻한 찻잔을 두 손으로 감싸 쥔 채, 이런 쌀쌀한 아침에 어울리는 음악을 찾았다. 지금 거실에는 **슈베르트의 「네 개의 손을 위한 환상곡」**이 흐르고 있다. 그의 음악은 언제나 그렇듯 서늘한 서정과 외로움으로 가득 차 있어, 애틋하고 아련한 사랑의 그림자를 드리운다. 투명하게 빛나는 선율과 스산한 공기가 뒤섞이며, 오늘 같은 아침을 더욱 깊고 따뜻하게 물들인다.

많은 연탄곡을 남긴 슈베르트는 이 곡을 1828년, 자신의 제자였던 캐롤린 에스터하지(Karoline Esterházy) 백작 부인에게 헌정했다. 피아노를 가르치다 사랑에 빠졌지만, 소심한 성격 탓에 고백 한 번 하지 못한 그는 결국 음악으로 마음을 대신 전했다. 말로는 전하지 못한 사랑이 선율이 되어 흘러나온 것이다.

곡은 소나타 형식을 닮은 네 개의 악장으로 구성되어 있다. 서두의 느린 도입부는 두 사람이 속삭이는 듯한 대화를 떠올리게 하고, 점차 고조되는 선율 속에서는 상대를 향한 마음이 자라난다. 마지막 푸가에서는 두 연인의 사랑이 불타오르듯 격정이 밀려오고, 절제된 아름다움 속에서 뜨거운 정열이 숨 쉰다.

한 대의 피아노 앞에 두 사람이 나란히 앉아 연주하는 연탄곡은 화려한 기교보다는 섬세한 호흡과 따뜻한 교감으로 완성된다. 혼자 칠 때보다 스무 개의 손가락이 만들어내는 소리는 훨씬 풍성하고 다채롭지만, 좁은 공간 속에서 서로의 손과 팔이 스치지 않게 조심해야 한다. 그래서 연탄은 서로의 숨결을 느끼며 마음을 맞춰야 하는 음악이다. 사랑하는 이, 오랜 친구, 혹은 형제자매처럼 가까운 사람들이 함께할 때 가장 아름다운 이유다.

우리나라 드라마 〈**밀회**〉에서도 이 곡은 깊은 인상을 남겼다. 배우 김희애와 유아인이 나란히 앉아 연주하던 장면은, 성공을 향해 달려온 기획실장 오혜원과 천재 피아니스트 이선재의 교감과 갈등, 그리고 금단의 사랑을 절묘하게 담아냈다. 넘지 말아야 할 선 앞에서 흔들리는 두 사람의 감정이 음악과 어우러지며, 시청자의 마음을 오랫동안 흔들었다.

사랑은 언제나 빛과 그림자를 함께 지닌다. 오해와 갈등, 후회와 그리움 속에서도 끝내 포기하지 못하는 감정이 있기에 사랑은 슬프면서도 찬란하다. 슈베르트의 「네 개의 손을 위한 환상곡」은 그런 사랑의 이면을 가장 섬세하게 포착한 작품이다. 복잡한 감정을 절제된 음악으로 풀어낸 이 곡은, 사랑을 진정으로 이해하는 사람이라면 누구나 마음 깊이 공감하게 된다.

쌀쌀한 아침, 슈베르트의 선율이 커튼 사이로 스며드는 햇살처럼 마음을 부드럽게 감싼다. 따뜻한 차 향기와 함께 흐르는 음악 속에서 나는 오늘도 깨닫는다.

음악은 언제나 그렇듯, 사랑이 지나간 자리를 다정히 감싸 안는다.

 QR 코드로 음악 감상하기

슈베르트 – 「네 개의 손을 위한 환상곡」
연주: 루카스 유센, 아르투루 유센

출처 : 유튜브 TV예술무대

12
클래식을 전공한다는 것은

음악을 전공한다는 것은 결코 쉬운 일이 아니다. 현악기나 피아노를 배우는 아이들은 대개 초등학교에 들어가기 전부터 악기를 잡는다. 작고 여린 손끝으로 시작한 한 음은 오랜 세월의 인내와 훈련을 견뎌야 비로소 음악이 된다. 좋은 선생님을 찾아 먼 길을 오가고, 악기를 마련하고. 매주 정기적인 레슨을 받는 일은 가족의 일상이 된다. 어떤 아이는 한 스승 밑에서 꾸준히 배우지만, 더 많은 것을 배우기 위해 여러 스승을 찾아 전전하기도 한다. 그 길에는 늘 땀과 눈물, 그리고 가족의 헌신이 함께한다.

무엇보다 중요한 것은 재능보다 꾸준함이다. 그러나 음악을 전공하기 위해서는 열정만으로는 부족하다. 경제적 뒷받침이 없이는 그 길을 오래 버티기 어렵다. 악기와 레슨비, 콩쿠르와 연습실 등 모든 것이 가족의 삶과 맞닿아 있다. 결국 한 아이가 음악을 전공한다는 것은 한 가족이 그 꿈을 함께 짊어지는 일이다.

집 안에서는 아이의 연습에 방해되지 않도록 TV 소리조차 줄이고, 휴일의 나들이마저 미룬다. 아이는 연습에 몰두하고, 가족은 조용히 그 곁을 지킨다. 학창 시절 친구들이 소풍이나 수학여행을 떠날 때 혼자 연습실에 남았던 기억은 세월이 흘러도 마음 깊이 남는다. 외로움 속에서 음악은 단단해지고, 그 시간 속에서 예술가의 뿌리가 자란다.

그러나 모든 이가 끝까지 그 길을 걸을 수 있는 것은 아니다. 어릴 적 부모의 뜻으로 시작한 음악이 자라면서 의무로 변하고, 반복되는 연습에 지쳐 악기를 놓는 이들도 있다. 어렵게 들어간 오케스트라에서 오디션에 떨어지고, 어쩔 수 없이 무대를 등지는 사람도 있다. 하지만 포기하지 않고 묵묵히 연습실의 불을 지켜온 이들은 이미 삶의 가장 고된 시간을 견딘 사람들이라 할 수 있다. 수없이 반복된 연습 속에서도 자신을 잃지 않았던 학생들, 그리고 그 곁을 지켜온 부모들, 그 모두에게 나는 진심으로 박수를 보내고 싶다.

바람직한 음악 교육은 단순한 기술의 전수가 아니다. 부모는 아이의 적성과 성향을 세심히 살펴야 한다. 어떤 아이는 건반 위에서, 또 어떤 아이는 현 위에서 자신의 빛을 낸다. 아이에게 맞지 않는 악기를 억지로 붙잡게 하면 음악은 금세 짐이 되고, 그 무게는 어린 마음을 짓누른다. 음악은 사랑으로 시작해야 한다. 억압이 아니라 기쁨으로, 강요가 아니라 설렘으로 이어져야 한다.

음악 교육은 혹독한 훈련만으로 완성되지 않는다. 아이가 흥미를 잃지 않고 즐겁게 악기를 다루도록 이끄는 세심한 배려가 필요하다. 그럴 때 음악은 단순한 전공을 넘어, 삶을 풍요롭게 하는 언어가 된다. 그리고 그 선율은 오랜 세월이 지나도 그 아이의 마음속 깊은 곳에서, 조용히 그러나 끊임없이 흐를 것이다.

13

지휘자 레너드 번스타인

레너드 번스타인(Leonard Bernstein, 1918~1990)은 20세기 음악사 속에서 누구보다 찬란히 빛났던 예술가였다. 미국인으로서는 최초로 세계 정상의 반열에 오른 그는 **뉴욕 필하모닉 오케스트라**를 이끌며 카라얀과 함께 지휘계의 양대 산맥으로 군림했다.

그러나 그의 음악 세계는 카라얀과는 사뭇 달랐다. 권위와 통제로 단원을 다루던 카라얀과 달리, 번스타인은 따뜻한 인간미와 배려로 음악을 완성했다. 그는 단원들에게 "너 자신을 연주하라. 아픔을 연주해야 한다면 네가 지금 겪고 있는 그 아픔을 표현하라."라고 말하곤 했다. 단원들을 통제의 대상으로 보지 않고, 하나의 영혼으로 존중하며 그들의 내면에서 우러나는 음악을 이끌어냈다. 그의 지휘봉은 명령이 아니라 대화였고, 그 속에서 오케스트라는 마음으로 노래했다.

그는 권좌에 연연하지 않았다. 적절한 시기에 주빈 메타(Zubin Mehta)에게 자신의 자리를 물려주고 자유로운 객원 지휘자로 세계 곳곳을 누볐다. 특정 오케스트라에 소속되지 않고 다양한 무대에서 자신의 음악을 펼친 그의 행보는 '객원 지휘자'라는 새로운 흐름을 만들어냈다.

번스타인의 인생을 바꾼 전환점은 우연에서 시작되었다. 뉴욕 필의 부지휘자로 있던 그는 어느 날 브루노 발터가 갑작스러운 건강 악화로 무대에 오르지 못하게 되자 그를 대신해 지휘봉을 잡았다. 예기치 못한 데뷔였지만, 그날의 연주는 전설이 되었다. 그러나 정식 상임 지휘자가 되기까지는 14년의 시간이 필요했다. 마침내 그는 뉴욕 필을 세계 정상급 오케스트라로 성장시켰고, 그 열정은 카라얀의 베를린 필에 견줄 만큼 뜨거웠다.

그의 교육적 열정은 때로는 유쾌한 장난으로 표현되었다. 어느 청소년 음악회에서 그는 갑자기 지휘를 멈추고 무대 밖으로 나갔다. 처음에는 오케스트라가 흔들림 없이 연주를 이어갔지만, 곧 혼란이 찾아왔다. 템포가 무너지고 악기들이 서로 엇갈리며 음악은 멈췄다. 그제야 아이들은 깨달았다. 지휘자는 단순히 손을 흔드는 사람이 아니라, 음악의 방향과 생명을 불어넣는 존재라는 것을. 번스타인은 이렇게 음악을 통해 인생의 교훈을 전했다.

그는 **지휘자이자 피아니스트, 작곡가이자 해설가**였다. 무엇보다도 그는 음악을 세상과 나누는 **'소통의 예술가'**였다. 클래식의 울타리에 갇히지 않고 비틀스를 높이 평가했으며, 재즈의 거장 루이 암스트롱과도 함께 무대에 섰다. 그에게 음악은 장르가 아니라 언어였고, 인종과 문화의 경계를 넘어 인간의 마음을 이어주는 다리였다.

그의 이름을 세계적으로 각인시킨 작품은 **뮤지컬 『웨스트 사이드 스토리』**(West Side Story, 1961)였다. 셰익스피어의 로미오와 줄리엣을 현대적으로 재해석한 이 작품에서 번스타인은 뉴욕의 뒷골목을 배경으로, 사랑과 증오가 교차하는 젊은이들의 삶을 음악으로 그려냈다. 파티장에서 마주친 토니와 마리아가 발코니에서 속삭이는 **"투나잇(Tonight)"**의 선율은 지금도 여전히 사랑과 슬픔의 대명사로 남아 있다.

반세기가 지난 지금도 『웨스트 사이드 스토리』는 세대를 넘어 감동을 준다. 젊음의 열정과 불안, 사랑과 상처를 음악과 춤으로 녹여낸 이 작품은 번스타인의 인생 철학을 가장 잘 보여준다. 그에게 음악은 단순한 예술이 아니라, 세상을 치유하고 사람을 이해하는 언어였다.

레너드 번스타인은 세상의 모든 소리를 품은 지휘자였다. 그는 음악을 삶의 언어로 삼아 경계를 허물고 마음을 잇는 법을 가르쳐

주었다. 그래서 오늘도 그의 이름은 음악과 함께 따뜻한 울림으로
살아 있다.

 QR 코드로 음악 감상하기

 **번스타인 – 〈웨스트 사이드 스토리〉 중 「투나잇」**

노래:소프라노 줄리아 벌거, 테너 앤드류 오크스너

연주: 누욕 필하모닉 오케스트라

지휘: 브람웰 토머스

출처 : 유튜브 rayray10

14
신은 인간을, 인간은 음악을

가슴이 먹먹한 하루였다. 위로받고 싶은 마음에 진한 커피 향을 맡으며 **조수미가 부른 카치니의 「아베마리아」**를 반복해 듣는다. 커피는 어느새 식어가고, 흐르는 시간 속에서 마음을 짓누르던 것들이 조금씩 풀리며 여유가 찾아온다.

수많은 성악가의 음반 가운데서도 조수미의 「아베마리아」는 인간이 신을 향해 가장 고운 언어로 기도하는 듯 섬세하고 애잔하다. 그 울림에 마음이 저릿하게 흔들린다.

Ave Maria. 라틴어로 "문안드립니다, 성모 마리아님." 이 짧은 인사 속에는 천 년의 신앙과 눈물이 스며 있다. 바흐, 구노, 슈베르트, 카치니의 이름으로 전해지는 여러 작품이 있지만, 우리가 익히 아는 '카치니의 아베마리아'는 사실 러시아의 류트 연주자 블라디미르 바빌로프가 1970년에 작곡한 곡이다. 아름다운 이 곡이 세상에 묻히는 것이 안타까웠던 오르가니스트 마크 샤킨이 '카치니'의 이름을 빌려 세상에 내놓았고, 진실은 훗날 밝혀졌지만 사람들은 여전히 이 곡을 카치니의 이름으로 기억한다.

16세기에 탄생한 이 음악은 세기를 건너 오늘의 우리에게도 여전히 눈물과 전율을 안겨준다. 그것은 위대한 음악이 시간과 공간을 초월한다는 진리의 증명이다. 교회음악이라는 이유로 멀리하기보다는, 종교를 넘어선 아름다움과 감동의 예술로 감상해보기를 권한다. 신앙이 없더라도 이 곡은 우리를 충분히 위로한다.

음악은 시대와 이념, 종교의 벽을 넘어 인간의 마음을 열고 치유하는 힘을 가진다. 만약 이 세상에서 음악이 없다면 얼마나 삭막한 삶이 될까. 우리는 공기의 소중함을 잊고 숨 쉬듯, 음악의 위대함을 잊은 채 살아가는지도 모른다.

나는 다시금 깨닫는다. 신은 인간에게 삶을 주었고, 인간은 그 삶을 음악으로 노래했다. 그리고 그 노래는 다시 우리를 품어 안아, 지친 마음을 어루만지고 길을 밝혀준다.

 QR 코드로 음악 감상하기

 **카치니 – 「아베마리아」**
노러: 조수미

출처 : 유튜브 Catholic music

15
—
전공자가 매일 연습하는 이유

악기를 전공하는 이들에게 연습은 하루의 식사처럼 당연한 일상이다. 음악은 영감만으로 흘러나오지 않는다. 손끝에서 자유롭게 피어나기 위해서는 기술이 몸속 깊이 배어 있어야 한다. 그래서 그들은 날마다 악기를 잡는다. 반복의 고단함 속에서 조금씩 음악은 자신의 목소리를 찾아간다.

바이올린과 피아노는 특히 어린 시절부터 시작해야 하는 악기다. 놀이터에서 뛰놀 나이에 아이들은 대신 연습실에서 악기와 씨름한다. 학교 수업을 마치면 부모는 아이의 손을 잡고 서둘러 집으로 돌아와 연습 시간을 확보한다. 아이가 즐겁게 받아들이면 다행이지만, 싫증을 내기라도 하면 그때부터 부모와 신경전이 시작된다. 심하면 방 밖에서 지키며 아이가 나올 틈조차 주지 않은 채 연습을 강요하기도 한다.

그러나 모든 연습이 강요로 이루어지는 것은 아니다. 음악에 스스로 빠져든 이들에게 연습은 고행이 아니라 삶의 일부이자 존재의 이유다. 대학 시절, 화장실 갈 시간조차 아까워 소변통을 옆에 두고 연습하던 선배가 있었다. 강의 사이 10분의 공백에도 연습실로 달려가 악기를 잡던 동기, 여름 음악 캠프에서 모두가 트래킹을 떠난 시간, 아프다며 홀로 남아 연습하던 후배도 있었었다. 나 역시 소풍이나 수학여행을 포기하고 연습실에서 시간을 보냈다. 그 시절의 반복과 집념이 오늘의 나를 만들었다.

악기를 전공하는 자녀가 있는 가정은 휴가조차 온전히 즐기기 어렵다. 어떤 가족은 휴가지에 악기를 챙겨 가고, 어떤 가족은 아예 휴가를 포기한다. 남들이 쉬고 놀 시간에 기악 전공자들은 묵묵히 악기를 잡고 하루를 보낸다. 그들의 시간은 느리지만, 그 느림 속에 성장의 리듬이 숨어 있다.

낯선 악보를 처음 마주할 때는 긴장과 설렘이 동시에 찾아온다. 하나의 음을 잡고 다른 음을 이어 가며 수없이 반복하는 동안, 악보는 점차 살아 숨 쉬는 음악이 된다. 완벽할 수는 없지만, 그 불완전함 속에서 연주자는 자신만의 진심을 담는다. 그렇게 힘겹게 연습하고 떨리는 마음으로 무대에 선다. 연주는 언제나 외롭고도 찬란한 고독 속에서 피어난다.

음악을 하는 사람들이 매일 악기를 연습하는 이유는 어쩌면 단 하나일지도 모른다. 그 시간을 지나야만 비로소 자신의 음악이 되기 때문이다. 이제는 공연을 기획하고 무대를 준비하는 일이 내 일상이 되었지만, 한때는 무대 위의 단 한순간을 위해 온 마음을 쏟던 시절이 있었다. 끝없는 연습 속에서 다가올 찬란한 순간을 기다리며, 숨결처럼 그 시간을 흘려보냈다.

16

오케스트라는 어떻게 조율하나?

연주회장의 불이 서서히 어두워지고, 객석의 웅성거림이 가라앉을 즈음 무대 위에는 어느새 숨결 같은 긴장이 내려앉는다. 바로 오케스트라가 하나의 마음으로 호흡을 맞추는 조율의 시간이다. 오보에가 내는 맑고 단단한 **기준음 A**가 공기 속에 퍼져나가면, 각 악기가 그 음에 귀를 기울인다. 서로의 소리를 살피며 미세하게 현을 조이고 풀어가다 보면, 어느새 무대 위에는 또 하나의 음악이 태어난다.

"음을 맞추는 소리만 들어도 오케스트라의 수준을 알 수 있다"는 말이 있다. 훌륭한 오케스트라는 조율의 순간조차 정제되어 있다. 각 악기의 숨소리와 손끝의 떨림이 질서 있게 어우러지고, 그 짧은 시간 속에서 청중의 마음도 천천히 준비된다. 연주가 시작되기 전, 무대와 객석이 하나로 이어지는 마법의 시간이 바로 그때다.

조율은 단순히 음을 맞추는 기술이 아니다. 현악기는 온도와 습도에 따라 음이 쉽게 내려가고, 관악기는 연주자의 호흡과 열기로 인해 음이 높아진다. 그래서 연주자들은 서로의 소리를 섬세하게 들으며 눈빛으로 대화를 나눈다. 그 미묘한 호흡의 교감 속에서 완벽한 화음이 태어난다.

오보에가 기준음을 내는 이유도 여기에 있다. 70cm 남짓한 몸에서 울려 나오는 소리는 단단하면서도 부드럽다. 수많은 악기 속에서도 그 음색은 또렷하게 들리고, 공간을 관통하듯 멀리 뻗어 나간다. 오보에는 때로는 주선율로 청중의 마음을 사로잡고, 때로는 전체의 호흡을 이끄는 숨결이 된다. 콧소리 섞인 그 특유의 음색은 고유한 매력을 지닌다.

그렇다면 왜 하필 A음일까? 이유는 단순하다. 사람의 귀가 듣기에 가장 안정적이고 구분하기 쉬운 음이기 때문이다. 피아노 왼쪽에서 네 번째 건반에 해당하는 A4는 440Hz의 진동수를 가진다. 1초에 440번 떨리는 그 소리는 인간의 귀가 가장 편안하게 받아들이는 진동이다. 제2차 세계대전 무렵 국제회의에서 440Hz를 표준으로 정한 뒤 지금까지 이어지고 있다.

최근에는 보다 밝고 화려한 울림을 위해 442Hz나 446Hz로 조율하기도 한다. 이유는 단 하나, 조금 더 감동적인 소리를 내기 위해서다. 지휘자의 성향과 오케스트라의 전통에 따라 기준음은 다소 달라지지만, 모두가 향하는 곳은 같다. 완벽한 조화다.

조율은 연주의 시작을 알리는 신호탄이다. 악기의 음이 제자리를 찾아가는 그 순간, 청중의 마음 또한 함께 정돈된다. 음악이 시작되기 전의 고요한 조율 속에서 우리는 이미 음악의 문 앞에 서 있다.

영화 「미션(The Mission)」의 한 장면이 떠오른다. 이구아수 폭포 위로 울려 퍼지는 오보에의 음색. 낯선 땅의 원주민들 앞에서 오보에로 마음을 전하던 신부를 향해 들었던 창은 이내 내려지고, 경계하던 눈빛은 따뜻하게 변한다. 벽을 허물고 마음을 잇는 건 언제나 음악의 힘이었다.

조율은 작지만 깊은 시작이다. 한 음이 울리고, 그 음에 모든 악기가 맞춰 하나가 된다. 그렇게 완성된 첫 화음은 거대한 음악으로 자라나 세상을 채운다. 객석의 청중은 그 과정을 지켜보며 가만히 호흡을 고른다. 드디어 첫 음이 울려 퍼지는 순간, 우리 마음은 활짝 열린 강처럼 음악과 함께 흐른다. 음악은 그렇게 다가와 우리의 깊은 곳을 부드럽게 적시고 오래 머문다.

 QR 코드로 음악 감상하기

 **엔니오 모리코네**
– 영화 미션 O.S.T 「넬라판타지아」

출처 : 출유튜브 Channel OST

17

9번 교향곡을 쓴 작곡가의 최후

작곡가들은 자신의 생과 마음을 악보 위에 눌러 새긴다. 숨이 가쁠 만큼의 시간과 처절한 고독을 견디며, 마침내 한 음 한 음에 생의 의미를 새긴다. 그런데 음악사에는 오래도록 전해 내려오는 이상한 전설이 있다. 바로 **'아홉 번째 교향곡의 저주'**다. 믿기 어려운 이야기지만, 그 주인공은 베토벤, 슈베르트, 브루크너, 드보르자크, 그리고 말러다. 이 다섯 사람은 9번 교향곡과 맞닿은 지점에서 생의 문을 닫았다. 물론 '교향곡의 아버지' 하이든은 백 곡이 넘는 교향곡을 남겼고, 신동 모차르트 역시 41번 교향곡까지 썼다. 그러니 이 이야기는 저주라기보다 삶과 죽음이 교차하는 어떤 신비로운 운명이라 해야 할 것이다.

'9번 교향곡'의 첫 장을 연 이는 **루트비히 판 베토벤**이었다. 그는 인간의 목소리를 교향곡 속에 끌어들여 「**합창**」으로 생의 마침표를 찍었다. 그 음악은 인간이 신에게 내민 손이자, 인류의 영혼이 하늘을 향해 올린 가장 숭고한 찬가였다. 그는 제10번 교향곡을 향한 악상을 붙잡으려 했으나, 결국 미완성된 악보만을 남긴 채 1827년 눈을 감았다.

그다음 해, **프란츠 슈베르트**는 존경하던 스승 베토벤의 무덤 곁에 묻혔다. 생전에 남긴 『미완성 교향곡』이 그의 마지막이라 여겨졌지만, 사후 그의 집에서 **교향곡 제9번 「그레이트」**가 발견된다. 그 순간, 슈베르트 또한 '9번의 전설' 속으로 들어섰다. 베토벤을 향한 동경과 인간적인 고독이 교차한 그 음악은 젊은 나이에 세상을 떠난 그의 영혼을 닮아 있다.

안톤 브루크너 역시 이 전설에서 벗어나지 못했다. 평생을 신앙 속에 살았던 그는 "주님께 바칩니다."라는 문장을 남기며 교향곡 제9번을 쓰다가 세상을 떠났다. 악보는 3악장까지 완성되었고, 마지막 4악장은 영원히 비어 있다. 그가 남긴 마지막 음표는 마치 기도가 끝난 후의 침묵처럼, 신에게 닿으려는 한 인간의 간절한 숨결로 남았다.

안토닌 드보르자크는 미국 체류 시절, 그곳의 광활한 자연과 향수를 음악 속에 녹여 **교향곡 제9번 「신세계로부터」**를 썼다. 뉴욕 카네기홀에서 처음 연주되던 날, 관객들은 흑인 영가와 인디언 선율 속에 스며든 보헤미아의 그리움을 들었다. 그는 이토록 따뜻하고 넉넉한 선율을 남겼지만, 세상의 환호 속에서도 오래 머물지 못했다. 더 넓은 세상을 향해 나아가려던 그는 예고 없이 생을 마감했다.

그리고 마지막으로 **구스타프 말러**가 있다. 그는 이미 '9번의 저주'를 알고 있었다. 그래서 아홉 번째 교향곡을 피하기 위해 '교향곡' 대신 「**대지의 노래**」라는 제목을 붙였다. 그러나 운명은 그를 피해 가지 않았다. 이후 교향곡 제9번을 완성했지만, 제10번을 끝내 완성하지 못한 채 심장병으로 세상을 떠났다. 피하려 했던 '9'의 그림자가 결국 그를 삼킨 것이다.

이 다섯 명의 위대한 작곡가들이 남긴 '9번 교향곡'을 들어보면, 하나같이 죽음을 넘어 신에게 닿으려는 인간의 몸부림이 느껴진다. 어쩌면 신은 인간이 자신의 영역으로 다가오는 것을 허락하지 않았는지도 모른다. 그러나 다른 의미로 본다면, 그 경계를 넘어서는 바로 그 순간이야말로 인간에게 허락된 가장 찬란한 절정이었을 것이다.

오늘 밤, 하늘은 깊고 별빛은 유난히 또렷하다. 위대한 이들은 떠났지만, 그들의 음악은 여전히 우리 곁에서 숨 쉬고 있다. 저 멀리 빛나는 별처럼, 손을 뻗으면 닿을 듯 멀고, 귀를 기울이면 더 가까워지는, 영원의 빛으로.

QR 코드로 음악 감상하기

베토벤 – 교향곡 9번 「합창」
지휘: 리카르도 무티
연주: 시카고 심포니 오케스트라

출처 : 유튜브 Chicago Symphany Orchestra

슈베르트 – 교향곡 9번 「그레이트」
지휘: 클라우디오 아바도
연주: 유럽 쳄버 오케스트라

출처 : 유튜브 Sonorum Concentus Haydn & Schubert

브루크너 – 교향곡 9번
지휘: 헤르베르트 볼롬슈테트
연주: 라이프치히 게반트하우스 오케스트라

출처 : 유튜브 accentusmusic

드보르자크 – 교향곡 9번 「신세계로부터」
지휘: 네메 예르비
연주: 배르베에 페스티벌 오케스트라

출처 : 유튜브 DW Classical Music

말러 – 교향곡 9번
지휘: 레너드 번스타인
연주: 빈 필하모닉 오케스트라

출처 : 유튜브 Michael Li

18
—
클래식의 틀을 깬 굴다

　클래식 음악에는 언제나 형식이라는 울타리가 있다. 악보의 규칙, 연미복의 단정함, 그리고 작곡가의 뜻을 한 치의 오차도 없이 따르는 질서. 그 모든 것이 클래식의 품격이자 전통이라 여겨져 왔다. 그러나 그 엄숙한 세계 속으로 과감히 들어가 자신만의 자유를 찾아낸 이가 있었다. 오스트리아 빈이 낳은 천재 피아니스트이자 작곡가, **프리드리히 굴다**(Friedrich Gulda, 1930~2000)다.

　그는 열두 살에 빈 음악원에 입학했고, 열여섯 살에 제네바 국제 콩쿠르에서 우승하며 일찌감치 세계의 주목을 받았다. 그러나 굴다를 진정 특별하게 만든 것은 재능이 아니라 세상을 바라보는 그의 눈빛이었다. 그는 누구보다 치열하게 악보를 연구했지만, 동시에 악보 밖의 세상도 사랑했다. 완벽한 형식보다 음악의 생명력을 믿었고, 규범보다 감동의 진심을 중시했다.

　그는 연미복 대신 티셔츠를 입고, 짙은 선글라스와 모자를 쓴 채 무대에 섰다. 언론에 자신의 부고 기사를 직접 보내고 며칠 뒤 **'부활 콘서트'**를 열었던 일화는 지금도 전설처럼 회자된다. 사람들은 그를 괴짜라 불렀지만, 그 괴짜라는 말 속에는 경외가 섞여 있었다. 그는 진정으로 자유로웠다. 음악 안에서도, 인생 안에서도.

굴다는 브루노 스코다, 예르크 데무스와 함께 **빈 피아노계의 3 대 거장**으로 꼽히지만, 그의 연주는 언제나 남달랐다. 베토벤의 곡을 연주할 때마다 건반 위를 두드리는 손끝에는 불안과 열정, 이성과 광기가 동시에 깃들어 있었다. 특히 베토벤 피아노 협주곡 제5번「황제」를 연주하며 직접 지휘하는 장면은 그 자체로 하나의 예술이었다. 그는 질서 속에서 자유를, 규범 속에서 생명을 발견했다.

재즈와 즉흥연주로 영역을 넓히던 그는 결국 작곡으로 나아갔다. 그의 **첼로 협주곡**은 전통적인 3악장 형식을 깨고 5악장으로 구성되어 있으며, 각 악장은 유머와 철학이 녹아 있는 짧은 이야기처럼 흘러간다. 나는 종종 지치거나 마음이 무거울 때 이 곡을 듣는다. 첫 선율이 시작되면 삶의 무게가 한결 가벼워지고, 어깨가 자연스레 박자를 탄다. 그 안에는 굴다의 자유로운 영혼이 살아 숨쉰다.

굴다의 음악은 단지 아름다운 음의 나열이 아니다. 그것은 삶을 다시 일으켜 세우는 힘, 규범을 넘어선 인간의 고백이다. 그는 틀을 깨고 나서야 오히려 클래식의 본질에 다가섰다. 사람들은 그를 괴짜라 불렀지만, 나는 그를 자유의 선율로 세상을 바꾼 사람이라 부르고 싶다.

그가 세상을 떠난 지 오래지만, 그의 음악은 여전히 현재진행형이다. 굴다가 우리에게 남긴 마지막 질문은 지금도 유효하다.

"당신의 음악은, 그리고 당신의 삶은 정말 자유로운가?"

 QR 코드로 음악 감상하기

굴다 – 「첼로 협주곡」
연주: 아스트리크 시라노시안

출처 : 유튜브 Asttrig Siranossian

19

마르첼로를 아시나요?

서울대학교 문화관에는 음대생들을 위한 오케스트라 연습실이 있다. 입학 첫날, 설레는 마음으로 오케스트라 연습에 참여했던 기억이 아직도 선명하다. 친구들의 얼굴을 살짝 훔쳐보던 그 순간, 연습은 언제나 그렇듯 악장이 일어나 중앙의 오보에 주자에게 가볍게 신호를 보냈다. 오보에가 맑고 단단한 기준음 라(A)를 내면, 단원들은 그 소리에 맞춰 각자의 악기를 조율했다. 하나의 음에 오케스트라 전체의 울림이 맞춰져 가는 장면은 늘 경이롭다.

특히 오보에가 독주로 목가적인 선율을 노래할 때면, 연주에 몰두하면서도 귀가 저절로 쫑긋 세워지곤 했다. 서양 악기이면서도 어딘가 동양적인 음색과 감미롭게 마음을 휘감는 그 소리는 참으로 매혹적이었다.

오보에는 유난히 개성이 뚜렷해 오케스트라의 수많은 악기 속에서도 단번에 구별된다. 귀가 예리한 사람은 오보에의 음색만 듣고도 어느 오케스트라인지 알아차린다고 하니 놀라울 따름이다. 대표적인 오보에 협주곡의 작곡가로는 알비노니, 비발디, 치마로

사, 모차르트 등이 있지만, 그중에서도 가장 널리 사랑받는 작품은 단연 **알레산드로 마르첼로**(Alessandro Marcello, 1684~1750)의 **오보에 협주곡**이다.

마르첼로는 베네치아 공국의 귀족 가문 출신으로, 작곡뿐 아니라 오페라 대본과 예술 비평, 정치와 문화 전반에서도 두각을 드러낸 인물이었다. 흥미로운 사실은, 그 시대 베네치아의 음악원이 '비발디 음악원'이 아니라 '마르첼로 음악원'이라 불렸다는 점이다. 이는 적어도 그 시절만큼은 비발디보다 마르첼로의 명성이 더 높았음을 보여준다.

그가 남긴 작품은 소나타, 협주곡, 칸타타를 모두 합쳐도 50곡이 채 되지 않지만, 하나하나가 정제된 예술의 빛을 발한다. 세 악장으로 이루어진 오보에 협주곡은 단아한 구조 속에서 섬세한 균형미를 드러낸다. 무엇보다 그는 당시 막 태동하던 신생 악기인 오보에를 당당히 주역 악기의 자리에 올려놓으며 음악사에 깊은 흔적을 남겼다.

1악장은 짧은 오케스트라 도입 뒤, 오보에가 빠르고 유려한 선율로 무대를 가득 채운다. 쳄발로의 리듬 위로 독주와 관현악이 서로 대화를 주고받으며 선명한 대비를 이룬다. 2악장은 느린 아다지오(Adagio)로, 서정적이면서도 애수에 찬 선율이 마음 깊숙이 스며든다. 이 곡은 **영화 「베니스의 사랑(1970)」의 배경음악**으로 사용되며 세대를 넘어 많은 이들에게 감동을 주었다. 마지막 3악장은 밝고 경쾌한 리듬으로 오보에와 오케스트라가 완벽히 어우러지며 산뜻하게 막을 내린다.

　삶은 때때로 우리를 멈춰 세우지만, 음악은 다시 걸음을 내딛게 한다. 마르첼로의 오보에 협주곡을 듣다 보면, 마음의 가장 깊은 곳에서 잔잔한 숨결이 되살아난다. 애써 다듬지 않은 자연의 언어처럼, 그 선율은 고요히 흘러가며 잊고 있던 온기를 일깨운다.

　음악은 그렇게, 소리로 쓴 위로의 편지이자 우리 안의 침묵을 밝히는 가장 맑은 빛이 된다.

📱 QR 코드로 음악 감상하기

마르첼로 – 「오보에 협주곡 d 단조」

연주: 파비앙 투앙

출처 : Cameristi della Scala Web Tv

20
몽환적인 짐노페디

에릭 사티의 이름은 낯설지라도 그의 음악은 이미 우리의 일상 깊숙이 스며들어 있다. 특히 대표작 「**짐노페디 1번**」은 누구나 한 번쯤 들어본 선율이다. 마치 안개 속을 걷는 듯, 흔들림 없는 고요가 서서히 몸과 마음을 감싼다. 단순한 화음 위에 펼쳐지는 느린 선율은 마치 시간의 흐름마저 멈춘 듯한 착각을 불러일으키며, 그 안에서 우리는 잠시 세상과 거리를 둔다. 그래서 이 곡은 휴식과 명상, 그리고 마음의 치유가 필요한 순간에 자주 곁에 머문다.

사티는 19세기 말 프랑스 옹플뢰르에서 태어났다. 뛰어난 음악성을 인정받아 어린 나이에 음악원에 입학했지만, 그는 엄격한 규율 속에 자신을 가두지 못했다. 결국 자퇴를 택했고, 군 생활에서도 일찍이 제대했다. 세상의 틀에 순응하지 못했던 그는 파리 몽마르트르의 '검은 고양이(Le Chat Noir)'라는 카바레에서 피아니스트로 연주하며 자유로운 예술의 길을 걷기 시작했다. 그 시절 작곡된 곡이 바로 「짐노페디」와 「그노시엔느」였다.

'짐노페디'라는 이름은 고대 그리스의 축제에서 유래한다. 젊은 소년들이 맨몸으로 신성한 춤을 추던 의식에서 영감을 받아, 사티는 그 장면을 음악으로 옮겼다. 단조로운 리듬과 간결한 화성, 그리고 장7도 화음이 빚어내는 미묘한 긴장은 현실과 꿈의 경계를 허물며, 듣는 이로 하여금 몽환적인 황홀 속으로 이끈다. 그 단순함은 오히려 세련된 여백이 되어, 소리와 침묵이 함께 노래한다.

사티는 사교성이 적고 고집이 강했지만, 그 외로움 속에서 자신만의 음악 세계를 완성했다. 그는 세기말 파리의 '반항아'로 불리며, 전통과 권위, 제도화된 예술에 맞섰다. 부르주아의 허위와 위선을 비판했고, 음악을 통해 인간의 진정한 자유와 순수함을 노래했다. 그의 사유는 드뷔시와 라벨 같은 인상주의 작곡가에게 깊은 영향을 주었고, 훗날 뉴에이지 음악의 뿌리가 되었다.

지친 하루의 끝에서 마음이 굳어 있다고 느껴질 때, 사티의 「짐노페디 1번」을 들어보라. 서두름도 결말도 없는 그 느린 선율이 당신의 내면을 부드럽게 감싸며, 마치 보이지 않는 강물이 흐르듯 마음속 깊은 곳에 잔잔한 평화를 내려앉게 할 것이다.

QR 코드로 음악 감상하기

 에릭 사티 –「짐노페디 1번」

연주: 루소

출처 : 유튜브 Rousseau

21
소중했던 일상

　지금 돌이켜보면 코로나 팬데믹으로 멈춰 선 시간은 참으로 길고도 낯설었다. 반가운 이를 만나도 팔을 벌려 안아 주지 못했고, 인사 한마디에도 망설임이 스며 있던 날들. 텅 빈 거리에는 스산한 바람만이 불고, 사람들의 표정은 마스크 뒤로 가려졌다. 회사는 재택근무를 권했고, 학교는 영상으로 수업을 대체했다. 취소와 연기가 일상이 되자 공연과 강연, 모임까지 달력에서 하나둘 사라졌다. 얼어붙은 경제와 줄어든 소비 속에서 소상공인들의 한숨은 더 깊어졌고, 우리는 '조심하세요'라는 짧은 인사로 서로의 안부를 대신했다. 길게 늘어선 약국 앞 줄에서도 서로를 경계하는 눈빛 너머로 문득 작게 피어오르는 그리움이 있었다. 마음 통하던 이들과 음식을 나누며 식탁에 둘러앉아 웃던 그 시간들이 얼마나 소중했는지, 평범했던 일상이 사라지고 나서야 비로소 깨달았다.

　모든 공연과 강연이 멈춘 그 시절, 나를 다독여 준 것은 음악이었다. 특히 **로베르트 알렉산더 슈만(1810~1856)의 피아노 4중주 3악장 「안단테 칸타빌레」**. 처음 듣는 이조차 잠시 숨을 고르게 되는 잔잔하고 따뜻한 선율이다. 현악기의 숨결 사이로 피아노의 음이 맑게 번져 나오면, 가을에 쓸쓸히 떨어지는 낙엽처럼 음 하나, 쉼 하나가 모두 의미로 다가온다. 음악은 그렇게 마음의 가장 깊은 곳을 어루만진다.

1842년, 이른바 '실내악의 해'라 불릴 만큼 슈만은 따뜻한 정서와 세련된 감성이 녹아 있는 많은 작품을 남겼다. 사랑하는 아내 클라라와 함께한 행복한 시간이 그의 악보 곳곳에 스며 있다. 그러나 우리는 동시에 그의 말년에 드리운 그늘 또한 알고 있다. 두려움과 고독 속에서 흔들리던 마음은 빛을 잃고, 스스로의 내면 가장 어두운 곳으로 향했다. 그 끝자락에서 태어난 안단테는 우울의 가장자리에서 희미하게 타오르는 등불처럼 우리에게 잠시 평온을 내어준다.

나는 이 악장을 들을 때면 멈춰 있던 우리의 시간이 떠오른다. 마스크 너머로 건네던 눈인사, 화면 속에서 서로의 안부를 묻던 목소리, 다음에 보자며 몇 번을 미뤘던 약속들. 그 모든 것들이 다시 돌아왔을 때 나는 이전과는 다른 마음으로 일상을 맞았다. 어깨를 스치는 따뜻한 온기, 공연장에 퍼지는 선율에 가만히 숨을 모으는 순간, 사소해 보이던 것들이야말로 하루를 지탱하는 가장 큰 기둥이었음을 깨달았다.

음악은 말보다 먼저 도착하는 위로다. 아픔을 설명하지 않아도, 이유를 늘어놓지 않아도, 선율은 이미 알고 있는 듯 우리 마음에 다가와 흐른다. **슈만**의 **「안단테 칸타빌레」**는 담담하지만 애틋하고, 과하지 않게 지나간 시간을 정리하며 내일을 향한 용기를 건넨다.

우리는 이제 다시 웃으며 서로의 안부를 묻는다. 언젠가 또 다른 겨울이 오더라도, 그때를 기억하고 배운 방식으로 서로를 돌볼 수 있을 것이다. 음악은 특별한 날에만 깃드는 선물이 아니라, 매일의 일상 속에서 피어나는 은총이다.

QR 코드로 음악 감상하기

슈만 – 피아노 4중주 중 3악장 「안단테 칸타빌레」
연주: 루체른 페스티벌 스트링스

출처 : 유튜브 Festival Strings Lucerme

22
무대 공포증

우리가 생각하는 것보다 더 많은 연주자가 무대 위에서 극심한 긴장감에 시달린다. 지인 중에는 독주회나 오케스트라 협연 같은 큰 공연을 앞두고 정신과를 찾아 신경안정제를 처방받아야만 무대에 설 수 있는 사람도 있다.

무대 공포증이란 관객 앞에서 연주하거나 노래할 때 찾아오는 불안과 두려움, 일종의 공포 장애를 말한다. 무대에 오르기 전부터 가슴이 요동치고 목소리가 떨리며, 입안은 바싹 마르고 손바닥은 땀으로 축축해진다. 때로는 수없이 연습해 완벽히 외웠던 곡이 갑자기 머릿속에서 사라지고, 악보의 엉뚱한 부분으로 건너뛰어 연주가 엉켜버리기도 한다. 그 순간 세상이 멈춘 듯 숨이 막히고, 눈앞이 하얘진다.

다행히 피아니스트나 오케스트라의 호흡으로 재빨리 제자리를 찾기도 하지만, 그렇지 못하면 그 짧은 순간이 평생 잊히지 않는 상처로 남는다. 믿기 어렵겠지만, 세계적인 거장들조차 이런 두려움에서 완전히 자유롭지 않다.

무대 공포의 대표적인 사례로 자주 언급되는 인물이 있다. 바로 세계적인 테너 **프랑코 코렐리(Franco Corelli)**다. 그는 누구보다 위대한 성량과 카리스마를 지녔지만, 공연 전에는 늘 극심한 공포에 시달렸다. 무대에 오르기 직전 창백해진 얼굴로 대기실을 서성였고, 때로는 스스로 나가지 못해 스태프가 그의 등을 밀어내야 했다. 그토록 완벽해 보이던 거장조차 무대 앞에서는 한 인간으로서의 두려움에 흔들렸던 것이다. 그럼에도 그는 결국 매번 무대에 섰고, 그 두려움의 벽을 넘어설 때마다 한 편의 전설이 되었다.

연주자들이 무대에서 느끼는 두려움의 가장 큰 이유는 '관객의 시선'이다. 요즘은 SNS를 통해 공연 소감이 실시간으로 공유되고, 관객들은 때로 전문가 못지않은 비평가가 된다. 그 시선 하나하나가 연주자에게는 날카로운 빛처럼 꽂힌다. 리허설에서는 자유롭던 연주가 본 공연에서는 긴장감에 눌려 흐트러지는 이유도 그 때문이다. 안타깝게도 무대 공포는 연습량으로만 극복되지 않는다. 그것은 인간의 마음 깊은 곳에서 오는 본능적인 두려움이기 때문이다.

공연 직전, 창백한 얼굴로 손을 떨고 있는 연주자를 보면 나는 조용히 그의 손을 잡아주거나 등을 가만히 다독여준다. 대기실에서 멀찍이 바라볼 수도 있지만, 나는 언제나 무대 옆 어둠 속에 서 있다. 그들의 숨결과 떨림이 그대로 전해지는 자리, 함께 긴장하고, 함께 호흡하며, 함께 기도하는 자리다. 혹시라도 실수하지 않을까 마음이 조마조마하다가도, 그 두려움을 딛고 무대를 완주하는 순간이면 나도 모르게 가슴이 벅차오른다.

무대를 내려오는 연주자의 얼굴에는 땀과 함께 빛이 어려 있다. 완벽한 연주 때문이 아니라, 자신과의 싸움에서 끝내 이겨낸 용기 때문이다. 그 절체절명의 순간을 견뎌낸 이에게서만 피어나는 투명한 빛. 그 빛을 마주하는 순간, 나는 본능적으로 그 사람을 껴안는다. 안도와 감동이 한꺼번에 밀려오고, 말없이 나눈 눈빛 속에 모든 위로와 존경이 담긴다.

오늘도 나는 무대 뒤 어둠 속에서 조용히 기도한다.
연주자들이 고독과 두려움의 시간을 무사히 건너가기를.
그 두려움의 끝에서 피어나는 찬란한 음악이,
관객의 마음 깊은 곳에 오래도록 흐르기를.

 QR 코드로 음악 감상하기

 **푸치니 – 오페라 〈투란도트〉 중**
아리아 「네순도르마」
노래: 테너 프랑코 코렐리

출처 : 유튜브 Andrea Dobi

국립공원 무대 위, 음악과 자연이 하나 되는 순간.

음악은
마음깊이
흐르고

IV

희망을
준비하는 겨울

01

아침을 깨우는 알람 음악

당신의 아침은 어떤 소리로 시작하는가. 눈을 뜨는 그 짧은 순간이 하루 전체의 운명을 가른다. 무심코 스쳐 지나간 소리가 기분의 결을 물들이고, 그 여운은 오후의 빛깔마저 바꾸어 놓는다.

아직도 요란한 자명종이나 날카로운 휴대전화 알람으로 잠을 찢어 깨우는가? 그렇다면 이제는 음악으로 하루를 열어보라.

나 역시 한때는 눈을 뜨자마자 세상의 무거운 뉴스를 습관처럼 들었다. 잿빛 단어들이 아침 공기에 스며들면 마음도 덩달아 눅눅해졌다. 요즘은 따뜻하고 맑은 음악을 틀어놓는다. 놀랍게도 공기가 달라지고, 몸과 마음이 동시에 가벼워지는 것을 느낀다.

이제, 당신의 아침을 부드럽게 깨워줄 음악 몇 곡을 건네고 싶다.

라흐마니노프(S. Rachmaninoff)의 「**파가니니 주제에 의한 광시곡**」은 졸린 몸을 깨우는 데 더없이 제격이다. 현악기의 낮은 숨결이 서서히 피아노의 불꽃으로 옮겨붙으며, 음악은 찬란한 불길처럼 치솟는다. 그 흐름은 마치 서서히 기지개를 켜며 깨어나는 아침의 몸짓과 닮아 있다.

조금 더 고요하고 단정한 시작을 원한다면 **파헬벨**(Johann Pachelbel)의 「**캐논**」이 좋다. 단순하고 맑은 선율이 겹겹이 쌓여 가며 밝아지는 순간, 마치 커튼 틈 사이로 스며드는 햇살이 방 안을 가득 채우는 듯하다.

만약 상쾌하고 활기찬 하루를 원한다면 **모차르트**(W. A. Mozart)의 「**터키 행진곡**」을 들어보라. 명료한 스타카토가 공기를 톡톡 두드리며, 마치 햇살이 창문을 열고 들어오듯 경쾌한 리듬이 하루를 활짝 펼쳐 준다.

반대로, 고요한 아침을 꿈꾼다면 **그리그**(Edvard Grieg)의 〈페르귄트〉 모음곡 중 「**아침 기분**」을 추천한다. 수평선 너머에서 서서히 떠오르는 햇살을 닮은 이 곡은 당신의 하루를 수채화 빛으로 물들일 것이다.

어떤 음악을 고르든 상관없다. 중요한 건 그 소리에 당신이 기분 좋게 눈을 뜰 수 있느냐는 것이다. 좋은 아침의 시작은 좋은 소리에서 온다. 클래식은 그중에서도 특별하다. 치밀하게 짜인 구조

와 섬세한 조화가 우리의 뇌를 자극해 마음을 다잡아 주고, 어수선
한 머릿속을 맑게 정돈해 준다.

아침은 하루의 전주곡이다. 작은 습관 하나가 모여 인생의 선율
을 바꾼다. 그러니 내일 아침, 알람 대신 아름다운 음악 소리에 눈을
떠 보라. 그리고 잠자리의 흔적을 단정히 정리해 보라. 그 사소한 몸
짓 하나가 당신의 하루를 한결 가볍고 아름답게 열어 줄 것이다.

📱 QR 코드로 음악 감상하기

라흐마니노프 – 「파가니니 주제에 의한 광시곡」
연주: 위자 왕

출처 : 유튜브 Peter Chen 2.0

파헬벨 – 「캐논」
연주: 보이시스 오브 뮤직

출처 : 유튜브 Voices of Music

모차르트– 「터키 행진곡」
연주:손열음

출처 : 유튜브 한경arte TV

그리그 – 페르귄트 모음곡 중 「아침의 기분」
연주: 내셔널 심포니 오케스트라

출처 : 유튜브 The Kennedy Center

02

운동할 때 듣는 음악

밤새 우리는 거의 움직이지 않고 잠을 잔다. 아침에 눈을 뜨면 몸과 마음은 여전히 깊은 고요 속에 머물러 있다. 그때 가장 필요한 것은 혈액의 흐름을 깨워 뇌와 몸을 다시 움직이게 하는 일이다. 음악을 들으며 가볍게 몸을 풀면 기분도 한결 가벼워지고, 하루를 시작할 힘이 차오른다.

흥미롭게도 음악과 운동 사이에는 마치 남녀의 궁합처럼 절묘한 조화가 있다. 근력 운동이나 유산소 운동처럼 역동적인 움직임에는 박자가 뚜렷하고 경쾌한 음악이 제격이다. 반대로 요가나 스트레칭처럼 정적인 운동을 할 때는 부드럽고 느린 명상 음악이 잘 어울린다.

연구에 따르면 음악은 우리 몸의 생리적 리듬에 직접적인 영향을 미친다. 강한 비트와 흥겨운 리듬은 심장 박동을 빠르게 하고 엔도르핀 분비를 자극해 운동의 지루함을 잊게 해준다. (Terry & Karageorghis, "Effects of Music in Exercise and Sport," 2020)

준비 운동에는 다소 빠른 템포의 음악이 몸을 깨우고, 본 운동에는 더 활기찬 곡이 에너지를 끌어올리며, 마무리 단계에서는 차분한 선율이 호흡을 정리해준다. 이렇게 음악은 운동의 시작과 끝을 잇는 하나의 리듬이 된다.

혹시 운동을 좋아하지 않아도 괜찮다. 음악이 흘러나오면 몸은 자연스레 반응한다. 리듬에 맞춰 가볍게 춤을 추듯 몸을 움직이는 것만으로도 충분하다. 음악이 곧 운동이 되고, 몸과 마음은 어느새 가벼워진다.

아침을 여는 음악으로는 **퍼렐 윌리엄스**의 「**해피(Happy)**」를 추천한다. 긍정적인 가사와 흥겨운 리듬은 저절로 어깨를 들썩이게 하고 얼굴에 미소를 번지게 한다. 음악은 우리의 일상을 가볍게 들어 올려 새로운 하루를 환하게 비추어준다.

 QR 코드로 음악 감상하기

퍼렐 윌리엄스 – 「해피」

출처 : 유튜브 Pharrell Williams

03
졸릴 때 듣는 음악

잠을 설친 아침이면 어김없이 커피부터 찾는다. 쓴맛이 혀끝을 스치고 카페인이 몸속을 돌기 시작하면, 흐릿하던 세상이 서서히 또렷해진다. 그런데 어느 날 문득 깨달았다. 커피 대신 음악도 나를 깨우는 힘이 있다는 것을. 더구나 음악에는 불안도 떨림도 남지 않는다. 오직 기분 좋은 각성만이 남는다.

그럴 때 내가 자주 듣는 곡이 있다. **레너드 번스타인**(L. Bernstein)의 「**교향적 무곡**(Symphonic Dances)」 중 '**맘보**(Mambo)'. 특히 **구스타보 두다멜**(G. Dudamel)이 지휘한 연주를 들으면 첫 박이 울리는 순간부터 공기가 달라진다. "Mambo!"라는 외침과 함께 오케스트라 전체가 한 덩어리로 튀어 오르는 장면은 언제 들어도 짜릿하다. 그 순간 나른함은 감쪽같이 사라지고, 잠시 잊고 있던 활력이 되살아난다. 공연장에 앉아 졸고 있던 관객조차 이 대목에서는 어깨를 들썩이며 미소를 짓는다.

두다멜의 이야기를 떠올리면 이 곡은 더욱 특별해진다. 베네수엘라의 음악 교육 프로그램 '엘 시스테마(El Sistema)'에서 다섯 살에 바이올린을 잡았던 소년은 무상으로 이어진 수업 속에서 지휘자의 꿈을 키웠다. 열여덟 살에는 청소년 오케스트라를 이끌고 세계 무대에 섰고, 스물넷에는 말러 지휘 콩쿠르에서 우승했다. 그리고 스물여덟에는 LA 필하모닉 오케스트라의 최연소 음악감독으로 발탁되며, 카라얀과 번스타인, 아바도의 뒤를 잇는 젊은 거장으로 이름을 올렸다. 그의 지휘봉 아래 울려 퍼지는 **'맘보(Mambo)'**는 단연, 졸음을 깨우는 가장 유쾌한 방법이다.

'엘 시스테마'의 이야기는 언제 들어도 마음을 움직인다. 가난과 폭력에 노출된 아이들이 음악을 통해 눈빛을 바꾸고, 범죄와 절망 대신 희망을 배우는 모습은 음악이 삶을 바꾸는 힘이 있다는 것을 증명한다.

지금 이 글을 쓰는 오후, 나 역시 졸음이 슬그머니 고개를 든다. 하지만 커피잔을 내려두고 **두다멜의 '맘보'**를 재생하는 순간, 빠른 리듬이 혈관을 타고 퍼져나가 나른함을 몰아낸다. 음악이란 결국, 마음의 잠을 깨우는 또 하나의 햇살이다.

QR 코드로 음악 감상하기

 **레너드 번스타인 – 교향적 무곡 「맘보」**

지휘:구스타보 두다멜

출처 : 유튜브 Deutsche Grammophon-GD

04
—
화날 때 듣는 음악

살다 보면 속이 부글부글 끓는 날이 있다. 열이 머리끝까지 치밀어 오르고, 말 한마디가 칼날처럼 날이 서는 순간. 어른들은 이런 상태를 "기가 위로 뻗친다"라고 했다. 그럴 때 나는 먼저 내 안의 바람을 아래로 불어내듯 숨부터 고른다. 어깨의 힘을 풀고, 길게 들이마시고, 더 길게 내쉰다. '아, 내가 지금 화가 났구나.' 하고 마음속으로 알아차리는 순간, 감정은 조금씩 제자리를 찾는다. 그때 나는 말 대신 음악의 손을 잡는다.

분노의 파도는 빠른 자극을 원한다. 그래서 오히려 느린 음악이 필요하다. 규칙적인 박자와 단정한 구조, 너무 밝지도 어둡지도 않은 조성. 그런 음악은 호흡을 길게 만들어 주고, 가쁘게 뛰던 마음의 속도를 천천히 늦춰 준다. 심장이 과속을 멈추고, 흩어진 생각이 다시 한곳으로 모인다.

이럴 때 내가 자주 찾는 곡은 **모리스 라벨**(Maurice Ravel)의 「**죽은 왕녀를 위한 파반느**(Pavane pour une infante défunte)」다. 제목만 들으면 장송곡처럼 느껴지지만, 라벨이 말한 '죽음'은 슬픔이 아니다. 시간 속에 스러진 아름다움에 대한 그리움, 그 고요한 추억의 결이다. 16세기 스페인 궁정의 느린 춤에서 영감을 받은 이 곡은 절제된 품격과 단아한 우아함으로 마음의 불길을 잠재운다. 피아노로 쓴 원곡을 라벨이 직접 오케스트라로 편곡하며 한층 맑고 투명한 색채를 입혔다. 느린 리듬은 숨결처럼 이어지고, 선율은 햇살 속 먼지처럼 부드럽게 흩어진다.

나는 콘트라베이스 연주자 성민제의 연주를 즐겨 듣는다. 피아노의 잔잔한 선율 위로 콘트라베이스의 깊은 울림이 고요히 내려앉는다. 화가 날 때 몸의 기운은 위로 솟구치지만, 저음의 진동은 그 기운을 아래로 차분히 가라앉힌다. 마치 뜨거운 찻잔을 두 손으로 감싸 쥐었을 때 손끝에서부터 온기가 번져 오르듯, 저음의 파동은 배와 가슴, 어깨를 차례로 어루만진다. 몇 번의 호흡이 지나면 불길 같던 마음은 어느새 잿빛 재처럼 고요히 식어 있다.

물론 화를 가라앉히는 음악은 사람마다 다르다. 누군가에게는 햇살처럼 밝은 곡이, 또 누군가에게는 사뿐한 발라드가 더 어울릴 것이다. 중요한 것은 내 안의 속도를 늦춰 줄 나만의 느린 곡을 찾아 두는 일이다. 갈등의 한가운데서도 잠시 숨을 고르게 해 줄 곡, 쏟아질 말을 대신 삼켜 주는 곡.

분노는 완전히 사라지지 않는다. 다만 다루는 법을 배울 수 있을 뿐이다. 언젠가 또 치밀어 오를 감정을 위해 당신의 플레이리스트(듣고 싶은 곡들을 모아 놓은 목록)에 한 줄기 사다리 같은 음악을 걸어 두자. 숨을 따라 천천히 내려가게 하는 음악, 마음을 다시 바닥으로 데려오는 음악. 내게 그 사다리는 라벨의 「죽은 왕녀를 위한 파반느」, 그리고 당신에게는 또 다른 한 곡일 것이다.

음악은 언제나 우리 편에 서서,
불타오른 마음을 맑고 고요한 쪽으로 데려다준다.

 QR 코드로 음악 감상하기

 **모리스 라벨─「죽은 왕녀를 위한 파반느」**
연주: 성민제

출처 : 유튜브 PRDT Music

05
지칠 때 듣는 음악

　살다 보면 이유 없이 지치고 아무 일도 손에 잡히지 않는 날이 찾아온다. 마음은 무겁게 가라앉고, 몸은 늘어져 어디에도 기댈 곳이 없을 때가 있다. 그럴 때 나는 늘 음악을 찾는다. 눈에 보이지 않지만 음악은 지친 몸을 쉬게 하고, 무너진 마음을 일으켜 세우는 신비한 힘을 가지고 있기 때문이다.

　그 가운데 **바흐의 「브란덴부르크 협주곡 3번 G장조」**는 내게 특별한 활력을 주는 곡이다. 현악기들이 앞다투어 달려나가는 첫 악장의 당당한 선율을 들으면 웅크린 마음도 조금씩 펴지기 시작한다. 음표들이 폭포처럼 쏟아지는 사이로 피곤의 그림자가 스르르 사라지고, 바람이 가득 스치는 숲길에 들어선 듯 몸과 마음이 환해진다.

　이어지는 두 번째 악장은 놀랍도록 짧다. 단 두 개의 화음만으로 이루어진 이 짧은 여백은 오히려 큰 위안이 된다. 우리의 삶 역시 그렇지 않은가. 긴장과 환희가 교차하는 날이 있는가 하면, 아무 일도 일어나지 않는 공허한 날도 있다. 그러나 바흐는 이 짧은 악장을 통해 말한다. 그 공허마저도 결국은 삶의 일부라는 것을.

그리고 세 번째 악장이 시작되면 음악은 다시 활기를 띤다. 현악기들이 차례로 주제를 주고받으며 이어가는 경쾌한 합주는 서로 호흡을 맞추며 살아가는 삶의 기쁨을 닮았다. 화려한 음악이 고조될수록 내 안에도 다시 힘이 깃든다. 곡이 끝날 즈음이면 나는 새로운 숨결로 가득 차 있다.

바흐가 쾨텐 궁정악장에서 이 협주곡을 작곡한 지 오랜 세월이 흘렀다. 그러나 그가 남긴 음표들은 세월을 건너 오늘도 살아 숨쉬며 지친 마음을 다독인다. 혹시 당신도 피곤과 무력감에 잠겨 있다면 이 음악을 한 번 들어보라. 곡이 끝나기도 전에 마음은 가벼워지고, 다시 시작할 용기가 서서히 스며드는 것을 느낄 것이다.

 QR 코드로 음악 감상하기

 **바흐 – 브란덴부르크 협주곡 3번 G 장조**
연주: 프라이부르크 바로크 오케스트라

출처 : 유튜브 EuroArtsChannel

06

노화를 늦추는 음악

젊음은 마치 봄꽃처럼 눈을 감았다 뜨는 사이에 흩어져 버린다. 어느새 나는 중년의 시간을 지나고 있다. 몸은 예전 같지 않고, 마음은 사소한 일에도 쉽게 움츠러든다. 그러나 뇌과학자들은 말한다. 뇌는 나이를 먹어도 여전히 성장한다고. 인생의 후반에도 배움을 익히고 창조하는 일을 멈추지 않는다면, 뇌는 새로운 길을 열어준다고 한다.

젊은 시절에 미처 쓰지 않던 뇌의 영역이 중년에 이르러 깨어난다. 오랜 세월의 경험이 특정 유전자를 자극해 뇌의 새로운 회로를 만들고, 그 덕분에 우리는 더 큰 그림을 보고, 서로 다른 생각을 포용할 수 있게 된다. 나이 든 뇌가 오히려 더 깊고 넓어지는 순간이다 (Burke & Barnes, "Neural Plasticity in the Ageing Brain," 2006).

이 과정에 음악이 더해지면 삶은 훨씬 더 따뜻하게 빛난다. 음악은 뇌의 노화를 늦추고, 혈압을 안정시키며, 면역력을 높여준다 (Hanna-Pladdy & Gajewski, "Music Making and

Neuropsychological Aging," 2012).

꾸준히 음악을 들으면 기억력과 이해력이 살아나고, 인지력과 소통의 힘도 좋아진다. 단순히 듣는 데서 멈추지 않고 노래를 부르거나 악기를 연주하면 그 효과는 두 배로 커진다. 음악은 감성과 지성을 동시에 두드리며, 삶을 다시금 활기로 채운다. 무엇보다 마음에 성취와 기쁨을 안겨주어 노년의 시간을 더욱 풍요롭게 바꾸어 놓는다 (Biasutti & Mangiacotti, "Train the Brain with Music," 2021).

이럴 때 권하고 싶은 곡이 있다. 바로 **브람스의 「인터메초 A장조 Op.118 No.2」**다. 그의 말년 작품인 이 곡은 세월의 흐름을 온전히 받아들인 사람만이 낼 수 있는 깊은 숨결로 시작한다. 부드럽고 따뜻한 화음이 한층 차분하게 마음을 감싸며, 짙은 오후의 햇살처럼 조용히 내면을 비춘다. 화려하지 않지만, 들을수록 삶의 결이 느껴지는 음악이다. 이 곡을 듣다 보면 나이 듦이 결코 쇠퇴가 아니라 더 깊어지는 성숙의 시간임을 깨닫게 된다.

QR 코드를 스캔하면 피아니스트 김정원이 연주하는 브람스의 이 곡을 감상할 수 있다. 그의 연주는 절제된 서정과 깊은 울림이 어우러져, 세월의 온기를 품은 마음의 젊음을 떠올리게 한다.

오늘도 나는 그 음악을 들으며 천천히 걸음을 옮긴다. 건강한 노년을 향한 길 위에서 음악은 여전히 내 마음을 붙잡아 주고 있다.

 QR 코드로 음악 감상하기

 **브람스 – 인터메초 A장조**

연주: 김정원

출처 : 유튜브 TomatoClassic 토마토클래식

07

외로울 때 듣는 음악

사람은 누구나 혼자가 되는 순간을 맞이한다. 어떤 날은 누군가와 눈을 마주치는 일조차 두려워, 스스로 고요한 방 안에 가두기도 한다. 활기를 되찾으려 운동을 해봐도, 불현듯 스며드는 외로움은 몸과 마음을 동시에 가라앉힌다. 마치 세상이 멈춘 듯, 공허 속에 홀로 서 있는 기분이다.

그럴 때 나를 일으켜 세우는 것은 늘 음악이다. 불청객처럼 들이닥친 어두움을 밀어내려는 작은 몸짓으로 나는 음반을 꺼내 턴테이블 위에 올린다. 음악의 힘을 빌려서라도 이 고요한 외로움을 떨쳐내고 싶어서다.

그 순간 내 마음에 찾아오는 이름, **프란츠 슈베르트**(Franz Schubert, 1797~1828). 피아노조차 없이 머릿속으로 곡을 쓰던 가난한 청년, 평생 연애 한 번 제대로 해보지 못했지만 고달픈 현실을 눈부신 선율로 바꾸어 낸 사람. 그는 짧은 생을 불태우며 세상에 수백 곡의 가곡과 교향곡, 피아노곡을 남겼다. 그래서 사람들은 그를 '가곡의 왕'이라 부른다.

그의 음악에는 언제나 **삶과 죽음, 고독과 위로**가 함께 얽혀 있다. **현악 4중주 「죽음과 소녀」**에는 젊은 나이에 마주한 허무가 서려 있지만, 동시에 삶을 더욱 애틋하게 바라보게 하는 아이러니가 깃들어 있다. 그의 글에는 절망이 묻어나지만 정작 음악은 절망을 넘어 따뜻한 숨결로 다가온다.

외로울 때마다 내가 찾는 곡은 **슈베르트의 「즉흥곡 3번」**이다. 단순한 선율이 잔잔히 흐르며 마음을 감싸 안는다. 투명한 멜로디가 겹겹이 쌓여 오르는 모습은 고요한 호수 위에 햇살이 반짝이는 듯하다. 중간에 스쳐 지나가는 단조의 그림자는 순간 깊은 슬픔을 건드리지만 이내 다시 밝은 선율로 이어진다. 그때 슈베르트는 내 곁에 앉아 조용히 말한다. "어둠 속에도 여전히 빛은 있어. 너는 혼자가 아니야."

슈베르트의 즉흥곡은 외로움 속에서도 여전히 살아 있는 희망의 언어이자 가장 따뜻한 숨결이다. 그 음악을 듣는 순간 나의 외로움은 더 이상 나만의 것이 아니다. 그것은 이미 음악을 통해 수많은 사람과 연결된, 우리 모두의 외로움이 된다.

QR 코드로 음악 감상하기

슈베르트 – 「즉흥곡 3번」

연주: 하티아 부니아티슈빌리

출처 : 유튜브 Khatia Buniatishili offical

08
우울할 때 듣는 음악

오늘따라 마음이 가라앉았다. 집 안을 서성이다 창밖을 보니, 유리창 위로 떨어지는 빗방울이 고요히 번져 간다. 이런 날이면 어김없이 **쇼팽(Chopin)의 「빗방울 전주곡(Prelude 'Raindrop')」**이 떠오른다.

이 곡은 24개의 전주곡 중 열다섯 번째 작품으로, 마치 창문을 두드리는 빗소리처럼 반복되는 음향이 특징이다. 그래서 사람들은 자연스레 이 곡에 '빗방울'이라는 이름을 붙였다. 단조롭지만 끊임없이 이어지는 그 울림은 우울한 날씨와 마음에 신비롭게 겹쳐진다.

당시 쇼팽은 폐결핵으로 쇠약해져 있던 시기였다. 그와 함께 있던 여류 작가 **조르주 상드(George Sand)**는 세간의 편견과 오해 속에서도 그의 곁을 지키며 극진히 돌보았다. 폭풍우가 몰아치던 어느 날, 상드는 쇼팽의 약을 구하기 위해 마차를 타고 나갔고, 무너진 둑과 쏟아지는 빗속을 헤치며 가까스로 돌아왔다. 그 시간 동안 쇼팽은 불안과 눈물 속에 이 곡을 치고 있었다. "당신이 죽은 줄

알았어." 그가 상드에게 남긴 속삭임은 피아노 건반 위에 맴도는 잔향처럼 오래 남는다.

곡을 듣다 보면 전주 전체에 깔린 A♭의 지속음이 떨어지는 빗방울처럼 마음속에 스며든다. 그러다 갑작스레 C# 단조로 전환되는 순간, 먹구름이 짙게 몰려오듯 분위기는 한층 무겁게 가라앉는다. 그러나 그 깊은 어둠을 지나고 나면, 묘하게도 마음은 한결 가벼워진다. 마치 울고 난 뒤 찾아오는 해방감 같다.

그래서 우울한 날에 나는 이 곡을 연주한다. 슬픔을 억지로 밀어내려 하기보다, 쇼팽이 남긴 빗방울 속에 내 감정을 맡긴다. 그러면 서서히 마음이 풀리고, 빗소리처럼 흘러내리던 우울도 어느새 잦아든다. 비는 그치지 않아도, 마음의 구름은 조금씩 걷혀 간다.

 QR 코드로 음악 감상하기

 **쇼팽 – 전주곡 15번 「빗방울」**
연주: 조성진

출처 : 유튜브 Chopin Institute

09
이별 후에 듣는 음악

음대에 입학해 맞이한 첫 봄날이었다. 문화관에서 오케스트라 합주를 마친 뒤, 같은 기악과 친구와 마주 앉아 이야기를 나누다 우리는 어느새 마음을 터놓는 절친이 되었다. 연습실 불빛이 꺼질 때까지 함께 연습하며 음악과 삶에 대해 끝없이 대화를 이어가곤 했다.

그러던 어느 날, 그 친구가 유학을 떠나면서 우리 사이도 조금씩 멀어져 갔다. 나는 공연을 기획하고 음악 해설을 하느라 눈코 뜰 새 없이 지내던 중, 청천벽력 같은 소식을 들었다. 귀국해 오케스트라의 악장으로 활동하던 그 친구가 교통사고로 세상을 떠났다는 소식이었다. 순간 온몸이 얼어붙었고, 믿고 싶지도 믿을 수도 없었다.

세월이 흘러 또 다른 봄날, 공연을 마치고 무심코 올려다본 하늘에 그 친구의 얼굴이 겹쳐 보였다. 나는 조용히 물었다. "거기서 잘 지내고 있는 거지?"

그날 공연이 끝난 뒤, 혼자 **가브리엘 포레(Gabriel Fauré)의** 「**꿈을 꾼 후에(Après un rêve)**」를 들었다. 그 친구가 떠난 날에도, 부고를 들은 날에도, 내 곁을 지켜주던 곡이다.

포레가 프랑스 시인 로맹 롤랑의 시에 곡을 붙인 이 가곡은 단순한 사랑의 노래를 넘어, 삶과 죽음, 그 사이의 그리움을 노래한다. 첼로의 선율이 꿈결처럼 흐를 때면 노랫말보다 더 진실한 마음의 속삭임이 들려오는 듯하다. 마치 이 세상과 저 세상을 잇는 다리 위에서, 남은 자의 슬픔과 떠난 자의 평온이 조용히 포개지는 순간이다.

이별은 언제나 허망하고 아프다. 그러나 그 아픔 속에도 끝내 붙들어야 할 것은 추억이다. 포레의 「꿈을 꾼 후에」는 그리움의 무게를 고요히 감싸 안으며, 남은 이의 삶을 조금 더 따뜻하게 걸어가도록 다독여 준다. 음악은 이별을 끝이 아닌 또 다른 시작으로 이끄는, 가장 고요한 위로다.

 QR 코드로 음악 감상하기

 **포레 – 「꿈을 꾼 후에」**
연주: 고티에 카푸숑

출처 : 유튜브 warner classics

10
똑똑하게 만드는 음악

얼마전, 아끼는 후배에게서 반가운 소식이 전해졌다. 목소리가 떨릴 만큼 벅찬 기쁨, 오래 기다리던 새 생명이 찾아왔다는 이야기였다. 요즘은 여러 이유로 아이를 늦추거나 포기하는 젊은 부부들이 많아 안타까운데, 그 소식은 내 마음에도 따스한 햇살을 비추어 주었다. 문득, 얼마 전 해외 봉사로 갔던 캄보디아의 풍경이 떠올랐다. 그곳의 골목마다 아이들의 웃음소리가 가득했고, 그 웃음은 세상에 존재하는 것만으로도 빛이 되었다. 후배의 소식이 그 해맑은 얼굴들과 겹쳐지며, 한동안 내 마음이 따뜻하게 물들었다.

후배는 곧바로 물었다. "선배, 태교 음악은 어떤 게 좋을까요?" 나는 망설임 없이 대답했다. 아기에게 가장 좋은 음악은 엄마의 목소리라고. 뱃속에서 끊임없이 듣는 심장 박동, 그리고 사랑을 품은 노래 한 소절은 그 어떤 음반보다도 깊은 울림이 된다. 태어난 아이가 본능적으로 그 소리를 따라 고개를 돌리고, 불편한 소리에는 몸을 틀어버리는 까닭도 여기에 있다. 그래서일까, 아기가 태어난 직후 곧장 산모의 품에 안겨야 한다는 생각이 내겐 너무도 자연스럽다. 처음 들려오는 심장 소리와 다정한 자장가가 곧 세상의 첫 안식처가 되어주기 때문이다.

언젠가부터 사람들은 태교 음악 하면 모차르트를 먼저 떠올린다. 연구자들이 그의 음악을 들은 뒤 학생들의 사고력이 일시적으로 높아졌다고 발표하면서, **'모차르트 효과'**라는 이름이 붙었다. 그 소식이 전해지자 음반 가게의 진열대가 순식간에 비워졌다고 한다. 하지만 이제는 안다. 꼭 모차르트여야 할 이유는 없다. 중요한 건 음악이 건네는 기쁨과 마음의 깨어남이다.

무엇보다 귀로 듣는 데 그치지 않고 직접 노래하거나 악기를 다루는 경험이 아이와 어른 모두에게 더 깊은 자양분이 된다. 음악은 단지 머리를 똑똑하게 만드는 것에 그치지 않는다. 마음을 어루만지고, 공감하는 능력을 키워 주며, 지친 하루를 회복시켜 준다. 공부할 때는 차분한 선율의 가사가 없는 음악이 집중을 돕고, 창작할 때는 박동이 살아 있는 리듬이 상상력을 열어준다. 혹여 음악마저 마음을 채워주지 못하는 날이라면, 발걸음을 자연 속으로 옮겨 보라. 새소리와 바람결, 햇볕 한 줄기 또한 신이 주신 또 하나의 음악이니까.

나 역시 글이 마음대로 흘러가지 않을 때면 가만히 자리에서 일어난다. 좋아하는 곡을 감상하거나 햇살 속을 자박자박 걸으며 호흡을 고른다. 그렇게 마음의 리듬을 바꾸고 나면 다시금 집중할 힘이 샘솟는다.

이제 봄이 시작되었다. 차갑던 공기 속에서 조그맣던 꽃망울이 터져 나와 세상을 환히 밝힌다. 바람은 새것처럼 신선하고, 햇살은 유리잔에 담긴 빛처럼 투명하다. 길가에 피어난 꽃송이 앞에서 발걸음을 멈추니, 그 작고 연약한 존재가 오히려 내 마음을 단단히 붙잡는다. 음악도, 자연도, 결국은 우리를 다시 살아나게 하는 같은 이름의 선율이다.

 QR 코드로 음악 감상하기

 **모차르트의 두뇌 자극 클래식 베스트 10**

01 Ascanio in Alba, Ouverture
02 Lucio Sil a, K. Ouverture
03 Eine Kleine Nachtmusik
04 Flute Concerto No. 2
05 La Finta Giardiniera Ouverture
06 Symphony No. 36 "Linz"
07 Symphony No. 41 "Jupiter"
08 Flute Concerto No. 1
09 Bastien und Bastienne, Ouverture
10 Symphony No. 40

출처 : 유튜브 halidonmusic

11
긴장을 풀어주는 음악

공연을 앞두면 마음은 언제나 긴장으로 가득해진다. 작은 일에도 예민해지고, 스스로 알 수 없는 불안이 밀려온다. 그럴 때 나는 음악을 찾는다. 음악 한 곡이 온몸을 감싸 안아주듯 긴장을 누그러뜨리고, 다시 무대 앞으로 걸어 나설 힘을 건네주기 때문이다.

그 가운데 내 마음을 가장 단단히 붙들어 주는 곡은 **베토벤의 교향곡 6번 「전원」**이다. 이 음악은 마치 잠시 도시를 벗어나 자연 속에 몸을 맡긴 듯한 착각을 불러온다. 잎새 사이로 흩어지는 빛, 흙길 위로 번지는 바람, 멀리서 들려오는 새소리까지, 모든 것이 귀를 통해 스며든다.

첫 악장에서 나는 늘 '도착'의 느낌을 떠올린다. 낯선 마을에 내리자마자 들려오는 바람 소리, 그 공기에 배어 있는 따스함이 현악기의 맑은 흐름과 겹쳐진다. 오랫동안 기다리던 휴식이 문을 열고 들어오는 순간처럼, 마음은 어느새 깊은 숨을 고른다.

이어지는 선율은 조용한 흐름을 따라 걷는 나 자신을 비춘다.

발아래로 작은 돌이 구르고, 물결이 잔잔히 반짝이며 부서진다. 악보 어디에도 '시냇물'이라는 단어는 없지만, 나는 그 속에서 내 마음을 적시는 투명한 물소리를 분명히 듣는다.

시간이 조금 더 흐르면 풍경은 사람들의 웃음으로 채워진다. 누군가는 흥얼거리듯 노래하고, 또 누군가는 두 발로 흙먼지를 차올리며 춤을 춘다. 음악은 그 순간의 환한 얼굴들을 한 폭의 그림처럼 그려내며, 나를 그 한가운데에 세워 준다.

그러다 갑작스레 하늘이 어두워진다. 음향은 구름처럼 몰려와 번개처럼 갈라지고, 가슴은 조여 온다. 그러나 그 긴장은 오래가지 않는다. 쏟아지는 빗줄기가 모든 불안을 씻어내리고, 구름이 열리며 햇살이 흘러드는 장면이 음악의 끝자락에서 서서히 드러난다.

마지막에 찾아오는 것은 고요다. 폭풍을 견뎌낸 들판이 다시 숨을 고르듯, 음악은 잔잔한 안도와 감사의 빛을 남긴다. 나는 그 속에서 '살아 있음'의 위로를 서삼 깨닫는다.

혹시 지금 마음이 불안에 흔들리고, 심장이 요동친다면 눈을 감고 이 곡을 들어보라. 고요히 호흡하며 귀를 기울이다 보면, 어느새 평화로운 풍경이 눈앞에 펼쳐질 것이다. 불안과 두려움조차도 결국은 지나가고, 남는 것은 살아 있음이 주는 고요한 기쁨뿐이다.

 QR 코드로 음악 감상하기

 **베토벤 – 교향곡 6번 「전원」**

지휘:카랴얀

출처 : 유튜브 Beethoven 9 Symphonies

12

사랑을 느낄 때 듣는 음악

밤공기가 유난히 맑은 날이면 나도 모르게 하늘을 올려다본다. 별빛이 옅게 번지고, 달빛이 고요히 마음을 감싼다. 그 순간 세상의 소음이 멎은 듯 마음이 잠시 멈춘다. 바람은 부드럽게 얼굴을 스치고, 달빛은 조용히 어깨 위에 내려앉는다. 그럴 때 나는 한 사람의 이름과 한 곡을 떠올린다. **베토벤의「월광 소나타」**. 달빛이 호수 위에 번지듯 서서히 마음을 채우는 그 선율은 사랑의 시작처럼 잔잔하고도 깊다.

이 곡을 들을 때면 베토벤의 삶이 떠오른다. 어린 시절 그는 알코올중독자였던 아버지의 흑독한 훈련 속에서 음악에 매달렸다. 제2의 모차르트가 되길 강요받으며 피아노 앞에 앉았던 소년은 자신이 연주해 번 돈으로 아버지의 술값을 감당해야 했다. 그런 지독한 세월 속에서도 그는 끝내 음악만은 놓지 않았다.

스물다섯 살 무렵, 베토벤은 청력에 이상이 있음을 처음 느꼈다. 처음엔 단순한 피로라 여겼지만 점차 소리의 균형이 무너지고, 귀 안에서 미세한 울림이 들려왔다. 음악가에게 청력을 잃는다는 것은 생명이 꺼지는 것과 같았다. 그러나 그는 절망 대신 악보를 붙잡았다. 교향곡 제5번 「운명」, 교향곡 제9번 「합창」. 그의 음악은 고통 속에서도 포기하지 않은 인간의 의지를 증명했다.

그토록 강인했던 베토벤에게도 사랑만큼은 끝내 이룰 수 없었다. 피아노를 배우던 제자들과의 연정은 신분의 벽과 세상의 시선 앞에서 번번이 막혔다. 그중에서도 열여섯 살의 귀족 아가씨 줄리에타 귀차르디를 향한 사랑은 가장 뜨겁고도 가장 슬펐다. 그녀의 가족은 청력 이상과 가난을 이유로 결혼을 반대했고, 베토벤은 그 사랑을 마음 깊이 묻을 수밖에 없었다.

그 절망의 끝에서 태어난 곡이 바로 「월광 소나타」다. 1801년, 그는 줄리에타를 떠올리며 피아노 앞에 앉았다. 1악장 「아다지오 소스테누토」는 고요한 호수처럼 흐르지만, 그 안에는 이루지 못한 사랑의 숨결이 깃들어 있다. 음 하나하나가 달빛처럼 길게 울려 퍼지고, 감정은 차분히 깊어져 간다. 악보는 단순하지만, 그 단순함 속에 담긴 절제와 진심이 오히려 더 큰 울림을 만든다.

사랑은 언제나 그렇게 시작된다. 한 사람의 존재가 내 안을 채우고, 그 마음이 언어를 넘어선 무언가로 변할 때 우리는 비로소 사랑을 느낀다. 그 감정이 음악으로 바뀌면 세상의 어떤 말보다 오래 남는다. 베토벤에게 월광은 닿을 수 없는 이를 향한 고백이었지만, 우리에게는 사랑이 얼마나 아름답고 아픈 것인지를 일깨워 주는 곡이다.

많은 피아니스트 가운데 **빌헬름 켐프의 「월광」**은 유난히 따뜻하다. 그는 화려한 기교보다 인간적인 숨결과 내면의 울림에 집중했다. 음 하나하나를 밀어붙이지 않고, 물결이 스스로 번져 가듯 자연스럽게 흘려보낸다. 깊은 페달 대신 맑은 음색으로 절제된 감정을 전하며, 듣는 이의 마음에 잔잔한 불빛을 남긴다.

켐프의 「월광」은 눈물의 비극이 아니라 사랑의 회상이다. 절망 속에서도 아름다움을 잃지 않으려는 베토벤의 영혼이 그 안에서 고요히 숨 쉰다. 조용한 밤, 불을 끄고 그의 연주를 들어보면 어느새 마음이 가득 채워진다. 피아노의 선율은 속삭이듯 다가와 이렇게 말하는 듯하다.

사랑이란, 멀리 있어도 사라지지 않는 마음이라고.

 QR 코드로 음악 감상하기

 **베토벤 – 피아노 소나타 14번 「월광」**
연주: 빌헬름 켐프

출처 : 유튜브 Vladivostok 1969

13
스트레스를 받을 때 듣는 음악

공연을 기획하다 보면 머릿속에 지진이 난 듯 흔들릴 때가 있다. 준비에서 마무리까지 모든 순간이 내 손을 거쳐야 한다는 압박감, 무대 위에서 직접 진행까지 맡아야 하는 책임감은 늘 어깨를 무겁게 짓눌렀다. 어느 순간엔 도망치듯 모든 것을 내려놓고 싶다는 생각이 치밀곤 했다.

아이러니하게도, 모든 공연이 멈추어버린 코로나19의 시절이 찾아왔다. 처음엔 마치 하늘이 준 휴식 같았다. 그러나 곧 깨달았다. 일이 많을 때보다 일이 없는 시간이 더 큰 공허와 스트레스를 안겨준다는 것을. 의자에 멍하니 앉아 깊은 한숨을 몰아쉴 때면, 오히려 무대가 주던 긴장과 열정이 그리워졌다. 전화기 너머 지인들의 목소리에서도 같은 무거움이 묻어났다.

그때 내가 붙잡은 것은 음악이었다. 대학 시절, 기말시험을 앞두고 지겹도록 듣던 **그레고리안 성가**. 그때는 단조롭고 지루하게만 느껴졌던 그 선율이 인생의 가장 답답한 순간에는 놀랍도록 위안이 되었다. 반복되는 단순한 음의 흐름이 복잡한 생각을 잠재우고, 산란한 마음을 다독이며 다시 호흡을 고르게 했다.

하지만 때로는 더 강한 음악이 필요했다. 무너지는 의지를 붙들고 속을 시원하게 뚫어줄 힘 있는 음악. 그럴 때 내가 찾는 곡이 바로 **베토벤의 피아노 협주곡 5번 「황제」**였다.

1809년, 나폴레옹의 군대가 빈을 점령하던 절망의 시대. 포탄이 쏟아지는 가운데 베토벤은 청력을 지키기 위해 책상 밑에 몸을 숨겼다. 모두가 떠난 빈에서 그는 홀로 피아노 앞에 앉아 불굴의 의지로 「황제」를 써 내려갔다. 그 음악 속에는 무너지는 현실에 맞서 싸우려는 강인한 정신, 고난 속에서도 빛을 꺼뜨리지 않으려는 인간의 의지가 깃들어 있다.

특히 1악장은 마치 폭포수가 쏟아지듯 웅장하다. 피아노와 오케스트라가 엎치락뒤치락 부딪히며 밀고 나가는 그 에너지는 듣는 이의 가슴을 시원하게 트워 준다. 음악은 때로 우리 안의 응어리를 풀어내고, 다시 일어설 용기를 심어준다.

연구자들은 클래식 음악을 들을 때 뇌에서 알파파가 활발히 발생한다고 말한다. 알파파는 가슴이 안정되고 긴장이 풀린 상태, 즉 스트레스가 사라진 순간을 의미한다. 그래서일까. 눈을 감고 베토벤의 「황제」에 몸을 맡기면 무겁던 어깨가 저절로 가벼워지고, 메말랐던 마음에 다시 숨결이 스며든다.

스트레스가 몰려오는 날, 나는 이 음악을 찾는다. 그것은 단순한 위로를 넘어, 다시 살아갈 힘을 불어넣는 강력한 동반자이다.

 QR 코드로 음악 감상하기

 **그레고리안 성가**

노래: 수도사들

출처 : 유튜브 Catholic Hymn

 **베토벤 – 피아노 협주곡 5번 「황제」**

연주: 임윤찬

출처 : 유튜브 유니버설뮤직 클래식

14
행복하고 싶을 때 듣는 음악

우리는 돈과 명예, 그리고 눈앞의 목표를 향해 쉴 새 없이 달려 간다. 그러나 막상 그것들을 손에 쥐고 나면, 만족은 모래성처럼 금세 흩어진다.

그렇다면 진짜 행복은 어디에 있을까. 혹시 당신은 남을 위해 애쓰며 정작 자신을 놓치고 있지는 않은가. 내가 무엇을 좋아하는 지, 무엇을 하면 마음이 빛나듯 환해지는지, 잠시 멈춰 곱씹어 볼 시간이 필요하다. 그것은 어쩌면 우리 자신에게 줄 수 있는 가장 큰 배려일지 모른다.

나에게 행복은 사랑을 주고받는 순간에 찾아온다. 눈을 맞추며 나누는 대화, 힘든 날 가만히 잡아주는 손길. 그 짧은 순간에도 마음은 따뜻해지고, 세상은 한결 가벼워진다. 행복은 거창한 곳에 있지 않다. 언제나 가까운 자리, 가장 소박한 손끝에 숨어 있다. 그래서 나는 오늘도 사랑하는 이들과의 시간을 조금 더 소중히 품으려 한다.

문득 **푸치니**(Giacomo Puccini)의 오페라「**라 보엠**(La Bohème)」이 떠오른다. 크리스마스 이브, 차가운 다락방에서 시를 쓰던 루돌프에게 촛불을 빌리러 온 미미. 어둠 속에서 열쇠를 잃고 함께 바닥을 더듬던 두 사람의 손이 우연히 맞닿는 순간, 차갑던 손끝은 온기를 타고 사랑으로 번져 간다. 루돌프가 미미의 손을 꼭 감싸 쥐며 노래하는 아리아「**그대의 찬 손**(Che gelida manina)」은 바로 그 떨림과 따뜻함의 순간을 음악으로 빚어낸 장면이다.

우리 역시 곁에 있는 사랑하는 이의 차가운 손을 가만히 잡아 줄 수 있다면, 그것이 바로 행복일 것이다. 지금 이 순간, **루치아노 파바로티**(Luciano Pavarotti)의 목소리로 울려 퍼지는「**그대의 찬 손**」을 함께 들으며, 마음속 깊은 곳에서 피어오르는 따뜻함을 나누어 보자.

 QR 코드로 음악 감상하기

 **푸치니 – 라보엠 중「그대의 찬 손」**
노래: 파바로티

출처 : 유튜브 OperaMyWorld

15
누군가가 그리울 때 듣는 음악

　지루하게 내리던 비가 그치자, 여기저기 숨어 있던 매미들이 자기 세상을 만난 듯 일제히 울어댄다. 며칠째 급체로 아무것도 먹지 못했더니 세상이 빙그르르 돈다. 살은 빠졌는데, 몸과 마음은 오히려 천근만근 무겁다. 그런데 이상하게도, 그 울음소리 사이로 다시 일어설 작은 힘이 스며든다.

　몸이 아프면 서럽고 허전하다. 이럴 때는 괜히 지나간 얼굴들이 떠오르고, 아무 말 없이 내 곁에 있어 주던 사람들의 온기가 그리워진다. 그런 마음을 달래기 우해 음악을 찾았다. 영화배우 손예진과 조승우가 주연한 영화 〈클래식〉의 OST, 「사랑하면 할수록」이라는 곡이다. 슬플 때는 밝은 음악보다 슬픈 음악을, 외로울 때는 오히려 외로움이 묻어나는 음악을 듣는 것이 더 큰 위로가 될 때가 있다.

　"무지개 문 지나 천국에 가도, 나의 마음은 변함없죠."
　"사랑하면 할수록 그대 그리워 가슴 아파도, 이것만은 믿어요. 끝이 아니란 걸."
　(영화 〈클래식〉, OST 「사랑하면 할수록」)

가사가 유독 마음에 깊게 스며든다. 인간이 느끼는 감정 가운데 가장 아프지만, 동시에 가장 아름답고 순수한 감정이 바로 그리움이 아닌가 싶다. 그리움이란 사라진 것이 아니라, 여전히 마음속에서 살아 있는 사랑의 또 다른 이름이다.

이 곡을 들으면 묘하게 마음이 정화된다. 부정적인 감정이 조금씩 가라앉고, 잔잔한 선율이 영혼을 씻어 주는 듯하다. 음악은 언제나 우리가 다시 일어설 힘을 주는 선물이라는 사실을 새삼 느끼게 된다.

몸이 아프고 마음이 지칠 때일수록 음악은 나를 붙잡아 준다. 조용히 귀를 기울이다 보면, 어느새 그리움이 추억으로 바뀌고, 마음 한켠이 따뜻해진다.

빨리 건강을 회복해, 그리운 얼굴들을 다시 마주하고 싶다.
그리고 그날, 이 노래처럼 그리움이 미소로 번지길 바란다.

 QR 코드로 음악 감상하기

 **영화 O.S.T – 「사랑하면 할수록」**

노래: 한성민

출처 : 유튜브 신수연

16

위로가 필요할 때 듣는 음악

    살다 보면 한순간의 말이 마음을 베어내듯 스며들 때가 있다. 무심히 던진 한마디가 세월이 지나도 지워지지 않아, 그때 조금만 더 다정했더라면 하는 후회도 밀려온다. 그러나 우리는 늘 완벽하지 않고, 여유는 언제나 한걸음 늦게 찾아온다.

    가시 돋친 말은 마치 프라이팬에 한 대 세게 맞은 듯 몸을 굳게 만들고, 혼자 남겨진 기억 속에서 그때 하지 못한 말을 떠올리며 가슴을 쓸어내리곤 한다. 그렇게 쌓인 상처는 결국 혼자만의 동굴 속으로 우리를 밀어 넣는다. 깊은 어둠 속에 웅크려 있다 보면 마음의 벽은 점점 단단해지고, 슬픔은 심장 밖으로 흘러넘친다.

    그럴 때 필요한 것은 누군가의 충고나 정답이 아니다. 그저 곁에서 묵묵히 "괜찮아, 다 지나가" 하고 속삭여주는 그 따뜻함이면 충분하다.

    이런 순간, **프란츠 리스트**(Franz Liszt)의 「**위로**(Consolation)」를 들어보라. 소파에 몸을 기댄 채 눈을 감으면, 잔잔히 흐르는 선율이 먹먹한 가슴을 부드럽게 감싸 준다. 특히 후렴구에 흘러나오는 16분음표의 은은한 물결은 마치 "네 마음 알아" 하고 다정히 등을 토닥여 주는 손길 같다.

리스트는 한때 세상을 떠들썩하게 했던 불꽃 같은 연주자였다. 수많은 스캔들과 열정적인 사랑 속에서 살았지만, 말년에는 성직자가 되어 종교음악을 남기며 조용히 생을 마무리했다. 뜨겁고도 차가운 그의 삶처럼 음악 속에도 불안과 고요가 동시에 스며 있다. 그래서일까. 그의 「위로」를 듣고 있으면 묘하게도 그 속의 슬픔이 오히려 우리를 더 단단히 감싸 안는 느낌이 든다.

이 곡은 프랑스 시인의 시에서 영감을 받아 만든 여섯 곡의 연작 중 세 번째 곡으로, 그중에서도 가장 널리 알려져 있다. 화려하지 않지만 부드럽고 깊은 울림이 남는다. 마치 곁을 지켜주는 연인의 손길처럼 다정하고 조용하지만 오래도록 가슴에 남는 음악이다. 그 은은한 힘이 상처 입은 우리를 다시 동굴 밖으로 이끌어낸다.

때로는 말보다 음악이 더 깊은 위로가 된다. 혹시 지금, 당신에게도 그런 위로가 필요하다면 조용히 이 곡을 들어보라. 음악이 당신의 마음을 대신 안아줄 것이다.

QR 코드로 음악 감상하기

리스트 – 「위로」

연주: 조성진

출처 : 유튜브 STUDIO KWA

17
―
삶이 숨 가쁠 때 듣는 음악

나는 성격 탓인지 해야 할 일이 남아 있으면 마음이 편치 않다. 누가 재촉하지 않아도, 뒤에서 쫓아오는 사람이 없어도 늘 빨리 끝내야 직성이 풀린다. 그렇게 살아오다 보니 어느새 서두름이 습관이 되어 버렸다.

하지만 시간이 흐르니 몸은 예전처럼 따라주지 않는다. 이제는 목표만 향해 달려가기보다는 걸음을 늦추고, 잠시 호흡을 고르며 곁에 있는 것들을 바라보고 싶다. 빠르게만 흘러가던 하루 속에서 잊고 있던 소중함을 다시 다시 되새기려 한다.

음악에도 '천천히, 기분 좋게'라는 의미를 담은 말이 있다. 바로 아다지오(Adagio). 이 한 단어에는 서두름을 내려놓고 여유롭게 살아가라는 위로가 담겨 있다. 바버의 「현을 위한 아다지오」, 바흐의 「아다지오」, 드뷔시의 「달빛」, 베토벤의 피아노 소나타 「월광」 1악장…. 세월을 넘어 수많은 이들의 마음을 적셔온 곡들이다.

그중에서도 **지아조토의 「아다지오」**는 특별하다. 삶이 벅차고 앞만 보고 달려왔던 마음을 잠시 멈추게 하는 힘이 있다. 이 곡에는 두 가지 이야기가 전해 내려온다.

첫 번째는, 2차 세계대전 직후 음악학자이자 작곡가였던 지아조토가 알비노니의 조각난 악보를 발견하고 이를 바탕으로 곡을 완성했다는 이야기다. 그러나 그는 그 공을 자신이 아닌 알비노니에게 돌렸다. 겸손 속에서 더 빛난 음악, 그래서 오늘날 우리는 이 곡을 **'알비노니의 아다지오'**라 부른다.

두 번째는, 1992년 보스니아 내전 중 사라예보 광장에서 일어난 일이다. 포탄에 희생된 시민들을 위해 한 첼리스트가 매일 같은 자리에서 22일간 첼로를 연주했다. 그의 연주는 분노와 증오를 가라앉히고, 적들조차 방아쇠를 당기지 못하게 만들었다. 슬픔의 자리에서 음악이 어떻게 인간의 존엄과 희망을 지켜내는지 보여준 장면이다.

느리게 울려 퍼지는 아다지오의 선율은 흥분을 가라앉히고 마음을 잔잔히 가라앉힌다. 숨 가쁘게 앞만 보고 달려가던 삶에 잠시 쉼표를 찍어준다. 어쩌면 우리에게 필요한 것은 더 많은 성취가 아니라, 마음을 가만히 감싸주는 한 줄기 아다지오일지 모른다.

QR 코드로 음악 감상하기

 **지아조토 – 「아다지오」**

연주: 고티에 카푸숑

출처 : 유튜브 Classical HD Live

18

강아지와 뒹굴며 듣는 음악

반려동물이 집에 들어오는 순간, 세상은 조금 더 따뜻해진다. 작은 숨결 하나가 더해졌을 뿐인데, 집 안의 공기가 달라지고 하루의 빛깔이 부드러워진다. 반려견과 함께 살다 보면 산책을 귀찮아하던 사람도 어느새 자연스레 길 위로 발걸음을 옮기게 된다. 골목길을 걷다 보면 다른 견주와 눈인사를 나누고, 사료나 장난감, 동물병원 이야기를 주고받으며 사람 사이에 온기가 돌기 시작한다. 그렇게 강아지는 우리 삶의 틈새로 들어와, 사람과 사람을 이어주는 다리 역할을 한다.

며칠 전 애견용품점에서 들은 말이 아직도 웃음을 자아낸다. 강남에서 온 손님이 "일산 강아지들은 왜 옷을 안 입고 다녀요?" 하고 묻는 순간, 나는 그만 웃음을 터뜨리고 말았다. 아마 강남에서는 유모차에 태워 예쁜 옷을 입힌 반려견들을 흔히 볼 수 있나 보다. 도시마다, 사람마다, 강아지를 바라보는 시선과 사랑의 방식이 조금씩 다르다는 것이 새삼 재미있다.

요즘은 강아지 유치원도 생겼다. 점심시간이면 각자 싸 온 도시락을 먹고, 낮잠 시간이 되면 작은 이불 위에서 가지런히 누워 쌔근쌔근 잠을 잔다. 선생님은 하루 동안 배운 것과 지낸 모습을 정성스럽게 가정통신문에 적어 보낸다. 그 모습을 보고 있노라면 아이를 키우는 일과 크게 다르지 않다는 생각이 든다. 작고 여린 존재 하나가 우리의 마음을 자라게 하고, 사랑의 깊이를 조금씩 넓혀 준다.

반려견은 외로운 현대인에게 무엇과도 바꿀 수 없는 위로가 된다. 부드러운 털을 쓰다듬는 순간 마음이 스르르 풀리고, 품에 안았을 때 전해지는 따뜻한 체온은 세상의 모든 공허를 덜어내 준다. 그 눈빛 속에는 꾸밈없는 신뢰와 순결한 애정이 담겨 있다. 우리는 그 작은 눈동자에서 위로를 받고, 그들의 작은 몸짓에 웃음을 터뜨리며 하루를 살아간다.

강아지의 꼬리가 살랑일 때면 떠오르는 음악이 있다. 바로 **쇼팽의 「강아지 왈츠」**다. 연인 조르주 상드의 강아지가 자기 꼬리를 물려고 빙글빙글 도는 모습을 보고 영감을 얻었다는 이 곡은, 피아노의 빠르고 경쾌한 선율 속에 장난스럽고 사랑스러운 움직임을 그대로 담고 있다. 반짝이며 흐르는 리듬은 듣는 이의 마음을 가볍게 흔들고, 어느새 미소를 머금게 한다. 마치 세상의 근심이 꼬리를 따라 빙글 돌며 멀어져 가는 듯하다.

우리 집 강아지 '봄이'는 겨울옷을 벗고, 발레리나의 튜튜처럼 레이스가 달린 원피스로 갈아입었다. 밤이면 쇼팽의 「녹턴」을 들으며 스르르 잠에 빠져드는 모습이 어쩐지 사람 같아 웃음이 난다. 앞으로는 봄이와 함께 뒹굴며 놀 때, 쇼팽의 「강아지 왈츠」를 틀어 주어야겠다. 그 순간만큼은 사람과 강아지가 함께 춤을 추듯, 같은 리듬 속에서 행복을 나눌 수 있으리라.

 QR 코드로 음악 감상하기

 **쇼팽 – 「강아지 왈츠」**
연주: 랑랑

출처 : 유튜브 Omnis Piano

19
—
수면을 유도하는 음악

캄보디아에서의 봉사활동을 마치고 돌아온 어느 날, 몸이 무너져 병원에 실려 갔다. 링거 주사를 맞으며 서서히 잠이 오려던 찰나, 갑작스레 쏟아져 들어온 음악이 나를 깨웠다. 빠른 박자와 거친 비트가 병실 공기를 흔들었고, 심장은 음악을 따라 불필요하게 고동쳤다. 몸은 긴장했고, 마음은 더 불안해졌다. 그제야 알았다. 음악은 때로 잠을 밀어내는 힘을 가진다는 것을.

잠은 고요히 다가와야 한다. 마치 호수 위에 스며드는 달빛처럼, 아무런 소리도 내지 않은 채 마음의 표면에 내려앉아야 한다. 그러나 머릿속이 복잡할 때는 그 잔잔한 빛조차 물결에 흔들려 쉽게 잠들 수 없다. 나 역시 불면의 밤을 견디며 수면제에 의지하던 시절이 있었다. 약을 내려놓은 뒤에는 자연의 소리에 귀를 기울였다. 창문을 두드리는 빗방울, 새벽 숲에서 들려오는 새들의 노래. 그런 소리들이 내 곁에서 숨결을 맞추듯 머물 때, 서서히 잠이 찾아왔다. 그때 깨달았다. 잠은 억지로 잡는 것이 아니라, 스며들게 하는 것이라는 걸.

요즘 친정어머니가 밤마다 뒤척이며 고단한 시간을 보내신다. 그래서 오늘은 어머니께 특별한 음악을 들려드리려 한다. 현대 음악 작곡가 **막스 리히터(Max Richter)**의 작품, 「Sleep」.

리히터는 오롯이 '잠'을 위해 이 음악을 만들었다. 단순하게 반복되는 선율은 최소한의 음으로 빚은 미묘한 울림이고, 피아노의 느린 코드 진행은 심장의 고동처럼 차분히 이어진다. 그 위로 첼로와 바이올린이 한숨처럼, 혹은 자장가처럼 스며들며 여유와 평온을 건넨다. 호흡을 음악에 실으면 몸은 풀리고 마음은 가벼워진다. 마치 깊은 호흡 끝에 찾아오는 평화처럼, 음악은 잠의 문을 천천히 열어 준다.

잠 못 이루는 이에게 음악은 세상에서 가장 따뜻한 자장가가 된다. 눈을 감고 귀를 기울여 보라. 파도처럼 밀려오는 선율의 숨결이 마음을 어루만지며, 당신을 천천히, 다정하게 꿈의 언덕으로 이끌 것이다. 그곳에서는 어떤 불안도, 어떤 생각도 더 이상 당신을 괴롭히지 못할 것이다. 오직 부드러운 선율만이 당신의 숨결에 맞춰 조용히 흘러갈 것이다.

QR 코드로 음악 감상하기

 막스 리히터 – Sleep

출처 : 유튜브 Max Richter

20
우리를 치료하는 음악

어렸을 적, 배가 아프다며 울던 나를 엄마가 꼭 안아 주었다. 따뜻한 손길이 배 위에 얹히고, **"엄마 손은 약손이다."**라는 노래 같은 목소리가 공기 속에 번져들 때, 신기하게도 통증이 스르르 가라앉곤 했다. 그 순간은 단순한 위로가 아니라, 몸과 마음을 함께 감싸던 작은 기적이었다.

세월이 흘러 알게 되었다. 사람의 목소리와 음악은 단순한 소리가 아니라, 영혼을 치유하는 힘임을. 잔잔한 선율은 불안을 덜어주고, 사랑하는 이의 목소리는 고단한 영혼을 달래준다. 차가운 병실조차 한순간 따뜻한 품으로 바뀌는 것, 그것이 바로 음악의 마법이다.

소음은 사람을 지치게 하지만, 마음이 끌리는 음악은 회복의 길을 앞당긴다. 억지로 듣는 곡이 아니라 스스로 좋아하는 멜로디일 때 그 힘은 더 깊다. 음악은 언제나 우리에게 묻는다. "네가 가장 안심하는 소리는 무엇이니?" 그 질문에 귀 기울이는 순간, 치유가 시작된다.

그리고 듣는 것을 넘어 스스로 노래할 때, 음악은 더욱 강력해진다. 콧노래 한 줄, 손끝으로 따라 두드리는 작은 박자에도 몸은 반응한다. 마음이 열리고 면역력이 깨어나는 순간, 생명은 다시 숨을 고른다. 음악은 이렇게 삶의 가장 단순한 순간 속에서 우리의 몸과 마음을 어루만진다.

우리는 늘 먼 곳에서 답을 구하려 하지만, 진짜 위로는 곁에 있다. 누군가의 부드러운 목소리, 잊고 있던 추억의 노래, 그리고 내가 스스로 흥얼거리는 작은 선율. 그것만으로도 우리는 다시 일어설 힘을 얻는다. 보이지 않지만 늘 곁에 있는 음악, 그것은 오늘도 우리를 가장 따뜻하게 치료하는 비밀스러운 손길이다.

 QR 코드로 음악 감상하기

 **트롯이지만 마음을 어루만지는 따뜻한 노래**
정다경 「약손」

출처 : 유튜브 TVCHOSUN

21
자신의 내면을 들여다보며

　누군가 눈앞에서 큰소리로 빠르게 말을 쏟아내면 귀가 괴롭다. 공기가 순간 요동치는 듯 불편해지고, 마음에도 작은 파문이 일어난다. 싸움에서 목소리를 높인 사람이 이긴 것처럼 보이지만, 결국 그것은 울림 없는 빈 메아리길 뿐 곧 공중에 흩어지고 만다. 말은 낮은 톤과 고요한 리듬 속에서 비로소 무게를 가진다. 그 무게가 상대의 마음을 흔들고 설득하며, 잔잔한 파동처럼 오래 남는다. 그래서일까. 누군가는 이렇게 달한다. "톤은 낮추고, 말은 천천히."

　음악도 다르지 않다. 억지로 힘을 주어 소리를 키우면 금세 거칠어진다. 오히려 몸의 긴장을 풀고 작은 소리로 그려낸 선율이 더 알차고 깊다. 그 미묘한 차이가 아마추어와 음악인을 가르는 경계가 되기도 한다.

　어느 날 오후, 열린 창문 사이로 새소리가 맑게 스며들었다. 그 소리가 공기 중에 번져 나갈 즈음, 나는 조용히 음악을 틀었다. 새소리 위로 잔잔한 선율이 포개지자 복잡했던 마음이 서서히 풀려 나갔다. 마치 하늘의 문이 열리며 위로부터 흘러내린 듯한 그 선율이 영혼을 감싸 안고, 탁해진 생각들을 맑게 씻어 주었다. 느리고 고요한 음악은 내면의 문을 천천히 열어, 마음 깊은 곳의 숨결까지 비추어 주었다.

그럴 때 나는 한 곡을 찾는다. 에스토니아 작곡가 **아르보 페르트**(Arvo Pärt)의 「**거울 속의 거울**(Spiegel im Spiegel)」. 제목처럼, 거울 앞에 선 듯 자신의 내면을 마주하게 만드는 음악이다. 단순한 피아노 위에 이어지는 현악기의 맑은 선율은 한 폭의 그림처럼 마음에 번져 간다. 숨결에 귀 기울이며 듣다 보면, 복잡하게 얽혔던 올무가 하나둘 풀리고 마음은 새털처럼 가볍게 떠오른다.

이 곡은 본래 피아노와 바이올린을 위해 쓰였지만, 첼로나 비올라로도 자주 연주된다. 나는 특히 첼로가 들려주는 깊고 중후한 울림을 좋아한다. 반복되는 피아노는 지루한 일상을 비추고, 그 위에 흐르는 현악기의 선율은 삶의 새로운 빛과 희망을 닮았다. 어둑한 색조 속에서 시작해 조금씩 환한 빛으로 나아가는 길처럼, 음악은 우리 마음속에도 천천히 평화의 빛을 드리운다.

그래서 이 곡은 세상의 소음을 잠시 끄고, 오롯이 자신을 마주하고 싶을 때 가장 잘 어울린다. 음악은 그렇게 거울처럼 우리의 내면을 비추며, 고요 속에서 삶을 다시 바라보게 한다.

QR 코드로 음악 감상하기

아르보 페르트 –「거울 속의 거울」

연주: 레오나르트 로첵(첼로),

헤르베르트 슈흐(피아노)

출처 : 유튜브 Leonhard Rocczek

22

당신의 생일을 축하하세요

오랜만에 만난 친구가 한숨을 내쉰다. "우리 가족은 내 생일을 기억조차 못 하더라." 기대했던 작은 꽃다발도, 따뜻한 한마디도 없었던 하루에 마음이 많이 상해 있었다. 하지만 생일은 누군가의 손길을 기다리기보다, 내가 나에게 건네는 가장 따뜻한 축복일 수 있다. 혼자여도 괜찮다. 맛있는 음식을 차려놓고, 오랫동안 바라만 보던 선물을 자신에게 건네며 조용히 말한다. "오늘은 네 날이야." 그렇게 스스로를 다정히 안아주는 일, 그것이 어쩌면 어른이 된 우리가 잃지 말아야 할 작은 기쁨일지도 모른다. 나이를 먹어도 생일이 다가오면 괜스레 설레는 이유는, 여전히 내 안에 **'사랑받고 싶은 마음'**이 살아 있기 때문일 것이다.

그리고 생일에 빠질 수 없는 건 언제나 노래다. 만약 불러줄 이가 곁에 없다면, 음악에 맡기면 된다. **독일 작곡가 피터 하이드리히의 「해피 버스데이 변주곡」**은 익숙한 멜로디를 바흐의 단정한 선율, 모차르트의 우아한 미소, 베토벤의 장엄한 울림으로 갈아입힌다. 어느 대목에서는 왈츠의 설렘이 피어나고, 또 다른 순간엔 재즈의 자유로움과 탱고의 열정이 흘러든다. 한 곡 안에서 시대와 장르가 서로 어우러져 춤추는 그 시간, 음악은 단순한 축하의 노래를 넘어, 인생의 모든 생일을 향한 찬란한 헌사로 변한다.

세계적인 바이올리니스트 기돈 크레머와 장영주의 실황 연주는 그 음악에 생명을 불어넣는다. 현의 떨림 속에서 마치 여러 시대의 작곡가들이 모여 한 사람의 생일을 축하하는 듯하다. 무대 위는 거대한 축제의 장으로 바뀌고, 그곳의 모든 청중은 어느새 각자의 생일 주인공이 된다. 음악이 건네는 축복은 국경도, 나이도, 이름도 초월한다.

결국 생일은 누군가가 기억해주느냐의 문제가 아니라, 내가 나를 얼마나 따뜻하게 끌어안느냐의 문제다. 오늘만큼은 세상의 축하를 기다리지 말고, 누구보다 먼저 나 자신에게 속삭여 보자. "태어나 줘서 고맙다. 그리고 살아줘서 고맙다."

 QR 코드로 음악 감상하기

 **피터 하이드리히 –「해피버스데이 변주곡」**
연주: 기돈 크레머, 장영주 등

출처 : 유튜브 angelamethist

23

음악을 들으면 건강해진다

음악은 인류의 역사만큼 오래된 치유의 언어이다. 고대 문명에서도, 그리고 성경 속에서도 음악은 마음과 몸을 다스리는 힘으로 등장한다. 다윗이 하프를 연주하자 사울 왕을 괴롭히던 악신이 떠나 평안을 되찾았다는 이야기 역시 그 한 예이다. 하프의 섬세한 음색과 부드러운 글리산도는 마치 마음을 어루만지는 손길처럼, 들숨과 날숨을 고요히 가라앉힌다.

오늘날 과학은 이 오래된 진실을 다시 증명한다. 연구에 따르면 음악은 불안과 고통을 완화하고, 심박수와 혈압을 안정시키며, 면역력을 강화한다. 단지 귀로 듣는 소리가 아니라, 몸과 마음이 함께 반응하는 치유의 파동인 셈이다.

(Terry & Karageorghis, 2020)

아픈 이에게 음악은 가장 따뜻한 약이 된다. 평소 즐겨 부르던 노래를 들려주거나 직접 불러주는 일은 단순한 위로를 넘어, 행복했던 시간으로 되돌아가게 하는 작은 기적을 만든다. 잊고 있던 기억이 되살아나고, 감정이 깨어나며, 잃어버린 웃음이 돌아온다. 그래서 치매 환자의 치료에서도 음악은 중요한 역할을 한다.

음악은 또한 통증을 줄이는 힘을 지닌다. 병원 대기실에서 흘러나오는 잔잔한 클래식 음악을 떠올려보라. 느리고 부드러운 선율은 긴장된 몸의 리듬을 완화시키고, 치료 중 느껴지는 통증마저 줄여 준다. 반면 빠른 박자의 음악은 심장 박동과 호흡수를 높여 오히려 불안을 자극할 수 있다. 그래서 의료 현장에서는 환자의 상태에 따라 음악의 속도와 강약을 세심히 조절한다.

(Bradt et al., Cochrane Review, 2021)

활기를 잃은 환자에게는 중간 박자의 음악이 생기를 불어넣고, 수술 직후의 환자에게는 조용하고 안정된 음악이 회복을 돕는다. 오랜 시간 침대에 누워 있는 환자에게는 그가 사랑하던 음악 한 곡이 세상으로 향한 창문이 된다. 음악은 그 어떤 말보다 깊은 위로를 전한다.

(Lee & Kwon, Journal of Music Therapy, 2019)

이처럼 **음악은 감정의 방향키이자, 몸의 리듬을 바로잡는 자연의 주치의**이다. 빠른 박자의 음악은 기분을 상승시키고 에너지를 주며, 느리고 고요한 음악은 마음의 파동을 잔잔히 가라앉힌다. 듣기 싫은 소음은 스트레스를 주지만, 사랑하는 이의 목소리나 아름다운 선율은 몸속의 긴장을 풀어준다. 그리고 직접 노래하거나 악기를 연주할 때, 그 치유력은 배가된다.

(Fancourt & Finn, 2019)

음악이 우리에게 주는 긍정적인 영향은 계속해서 밝혀지고 있다. 그것은 단순히 귀를 즐겁게 하는 예술을 넘어, 삶의 질을 높이고 마음의 균형을 회복시키는 힘이다. 특히 클래식 음악은 영양이 풍부한 음식처럼 깊고 순한 에너지를 담고 있다.

이제 음악을 일상의 배경음이 아니라, 하루의 건강을 지키는 한 조각의 휴식으로 들여보자. 한 곡의 음악이 몸의 긴장을 풀고 마음의 흐름을 맑게 할 것이다. 그리고 그 고요한 순간, 우리는 깨닫게 된다. 음악은 단순히 들리는 소리가 아니라, 마음속에서 자라나는 빛이라는 사실을.

24
봄을 기다리며

하늘은 아직 겨울의 잔향을 품고 있지만, 땅은 이미 봄의 기척을 알아차린 듯하다. 새벽의 찬 공기를 가르며 걷다 보면 서리 위로 맺힌 물방울이 햇살을 받아 반짝인다.

그 투명한 빛은 마치 오래된 마음의 먼지를 털어내듯 맑고 깨끗하다. 나무의 가지마다 미세한 떨림이 일고, 대지는 고요히 숨을 고른다. 봄은 그렇게 소리 없이 다가와 우리 안의 굳은 마음을 살며시 흔들어 깨운다.

오늘은 조금 일찍 길을 나서 본다. 발끝에 닿는 공기는 여전히 차갑지만, 마음 한편에는 알 수 없는 온기가 번진다. 풀잎 사이로 스며드는 흙내음, 멀리서 들려오는 새들의 첫 울음, 그리고 이른 햇살이 스치는 순간의 설렘. 모든 것이 '곧 봄이 온다'는 조용한 예고처럼 느껴진다. 나는 서두르지 않기로 했다. 이 변화의 속도를 내 안의 리듬에 맞춰 천천히 음미하기로 했다.

이런 아침에는 음악이 유난히 잘 어울린다. 플레이 버튼을 누르자, **베토벤의 바이올린 소나타 제5번 「봄(Spring)」**이 잔잔히 흘러나왔다. 부드러운 선율이 어깨를 스치며 발걸음을 한결 가볍게 한다. 베토벤이 남긴 열 개의 바이올린 소나타 가운데 다섯 번째 곡인 「봄」은 9번 「크로이처」와 더불어 가장 사랑받는 작품이다. 그는 청력을 잃어 가던 절망의 시기에 이 곡을 썼다. 사랑의 상실과 고통 속에서도 이렇게 화사하고 생기 있는 음악을 남겼다는 사실이 놀랍다. 고통을 지나 탄생한 음악이 오히려 더 투명하고 밝게 빛난다는 것을, 이 곡은 말없이 증명한다.

이 작품은 이전의 장엄하고 격정적인 어법에서 벗어나 따뜻하고 생기 있는 음색을 들려준다. 그래서 사람들은 자연스레 '봄'이라는 이름을 붙였다.

1악장은 전주 없이 바이올린이 곧장 노래를 시작한다. 햇살 가득한 숲길을 따라 시냇물이 흐르는 듯한 첫 주제는 싱그러움으로 가득하다. 두 번째 주제에서는 바이올린과 피아노가 주고받으며 다정한 연인의 대화를 연상케 한다.

2악장은 차분하고 서정적이다. 베토벤의 낭만적인 감성이 고요한 숨결처럼 스며든다.

3악장은 짧고 경쾌한 스케르초로, 봄길을 스치는 장난기 어린 바람을 떠올리게 한다.

4악장은 명랑한 론도 형식으로, 첫 주제를 중심에 두고 변주가 이어지며 생기 넘치는 봄의 활력을 전한다.

바이올린의 경쾌한 선율과 피아노의 따스한 울림이 서로 어우러져 봄의 생동감을 한껏 북돋운다. 꽃망울이 계절을 알리는 오늘, 베토벤의 「봄」은 더욱 진한 향기를 더한다. 나무 사이로 흘러드는 눈부신 햇살을 올려다보는 순간, 머리 위로 새들이 무리를 지어 날아오른다. 짧은 장면이지만 한 편의 영화처럼 길게 마음에 남는다.

오늘도 봄은 이렇게 조용히, 그러나 분명히 가까이 와 있다. 그리고 나는 알 것 같다.

진짜 봄은 계절이 아니라, 마음이 다시 피어나는 순간에 온다는 것을.

 QR 코드로 음악 감상하기

 베토벤 – 바이올린 소나타 5번 「봄」

연주: 오이스트라흐

출처 : 유튜브 FirstPublicChannel

에필로그

    책의 마지막 장을 덮으며 문득 걸어온 길을 돌아본다. 긴 여정을 함께 걸어준 당신, 이 책의 독자에게 가장 먼저 깊은 감사를 드린다. 당신이 넘긴 한 장 한 장의 페이지는 단순한 문장이 아니라 내 삶과 음악의 조각들이었고, 또 하나의 무대였다. 그 무대 위에서 나는 연주자가 아닌 이야기꾼으로 서 있었지만, 당신의 시선과 호흡이 늘 곁에 있음을 느낄 수 있었다.

    이 책에 담긴 이야기들은 결코 화려하지 않다. 코로나19가 세상을 멈춰 세우고, 잇따른 교통사고와 긴 치료의 시간은 내 삶을 완전히 정지시켰다. 이유 모를 통증이 밤마다 파도처럼 밀려오면 눈물로 새벽을 건너야 했다. 우울은 내 안에 어두운 동굴을 만들었고, 그 안에서 나는 점점 작아졌다. 때로는 이 삶이 빨리 끝나면 좋겠다는 위험한 생각이 스치기도 했다. 그러나 그때마다 아주 작은 목소리로 기도했고, 하나님은 단단한 위로로 내 마음을 다시 붙들어 주셨다.

    끝까지 곁을 지켜준 남편, 그리고 치료의 길을 밝혀 준 라정찬 회장님께도 진심으로 깊은 감사를 드린다. 그분들을 통해 나는 세상에 아직 빛이 존재한다는 것, 그리고 그 빛이 사람을 다시 일으켜 세운다는 사실을 깨달았다.

다시 얻은 시간은 이제 내게 '덤'이 아니라 '사명'이 되었다. 음악으로 더 많은 사람을 만나고, 더 가까이 다가가고 싶다. 웅장한 대극장이 아니어도 괜찮다. 작은 마을의 문화공간, 학교의 강단, 병실 한켠이라도 좋다. 마음이 닿는 곳이라면 음악은 언제나 길을 내준다. 남편과 함께 봉사의 발걸음도 이어가려 한다. 누군가의 하루가 음악 한 곡으로 덜 아프고, 한 문장으로 덜 외로워진다면 그것만으로도 살아야 할 이유는 충분하다. 음악과 사람들, 그리고 아직 도움의 손길을 기다리는 이들이 내 삶의 의미이자 방향이다.

오랜 공백기를 지나 다시 무대에 섰던 날을 잊지 못한다. 막이 오르기 전의 숨 막히는 긴장, 첫 조명이 객석 위로 번지던 순간, 거칠게 뛰던 심장은 '살아 있다'는 사실을 온몸으로 일러주었다. 무대 바닥을 스치는 발끝의 떨림, 마이크를 타고 흐르던 숨결, 관객의 손끝까지 닿는 공기의 진동. 모든 것이 현실이자 기적이었다. 그날 이후 나는 다짐했다. 조금 더 느리게, 그러나 더 단단하게 걷자. 서두르지 않되 포기하지 않는 속도로 내가 사랑해 온 음악과 내가 살아내야 할 삶을 이어가리라.

이 책은 결국 나의 기록이자 약속이다. 무대에서처럼 글에서도 정직한 소리를 내겠다는 약속, 아픔을 외면하지 않고 그 속에서 자라나는 희망의 결을 끝까지 붙잡겠다는 약속이다. 내가 전하는 이야기가 누군가에게는 하루를 견디게 하는 안내서, 또 다른 누군가에게는 작은 손난로가 되어 마음을 데워 주기를 바란다. 혹여 어느 한 페이지가 당신의 상처에 닿는다면, 그 순간만큼은 음악이 먼저 말을 걸어주기를. 그 곁에서 내 문장이 조용히 당신의 손을 잡아주기를 바란다.

이제 책을 덮는 이 순간, 나는 다시 시작선에 서 있다. 새로운 무대에서, 또 다른 글의 첫 문장에서 다시 삶을 이야기하고 음악을 이야기할 것이다. 내가 건네는 한 곡, 한 문장이 당신의 오늘을 다정히 비추길 바란다. 언젠가 공연장에서, 혹은 다음 책의 페이지에서 우리 다시 만나리라 믿는다. 그때까지 부디 건강하시길. 그리고 당신의 하루에도 작은 선율 하나가 늘 함께하길 바란다.

음악은 오늘도 마음 깊이 흐른다.
당신의 마음에도, 그리고 나의 내일에도.

음 악 은
마음깊이
흐 르 고

초판 1쇄 발행   2025년 11월 10일

지은이 김숙진
편집·디자인 홍성주
펴낸곳 도서출판 위
주소 경기도 파주시 광인사길 115
전화 031-955-5117~8

ISBN 979-11-86861-45-5 03670

● 책값은 뒤표지에 있습니다.
● 파본은 구입하신 서점에서 교환해 드립니다.